高等职业教育汽车类专业活页式新形态创新教材

U0366483

汽车维修服务接待

主　编　罗海英　覃炳露

副主编　莫舒玥　谢静怡

参　编　林　松　岑伟原　陈芳兰

机械工业出版社

本书围绕汽车维修服务接待流程，以工作页的形式进行编写，主要内容包括岗位认识、预约、接待、签订合同、增项处理、交车、回访七部分。所有内容均紧扣当前汽车售后市场，做到理论与实际紧密结合。每一部分内容都可单独抽取出来进行独立教学，并以活页的形式将任务贯穿起来，适用于以学生为中心的教学模式，在更多体现以学生为主体的前提下，加强教材和学习者之间的深层次互动。本书配套丰富的数字化资源，读者用智能手机扫描刮刮卡，便可在手机上观看相关视频，方便读者理解相关知识，以便更深入地学习。

本书内容新颖全面、图文并茂、通俗易懂、易学好教，可作为高职院校汽车类专业学生的教学用书，也可作为职业技能培训和相关专业人员的参考书。

图书在版编目（CIP）数据

汽车维修服务接待 / 罗海英，覃炳露主编 . — 北京：
机械工业出版社，2022.3（2024.4 重印）
高等职业教育汽车类专业活页式新形态创新教材
ISBN 978-7-111-70388-4

Ⅰ.①汽… Ⅱ.①罗… ②覃… Ⅲ.①汽车 – 车辆修理 – 商业
服务 – 高等职业教育 – 教材 Ⅳ.①U472.4

中国版本图书馆CIP数据核字（2022）第046515号

机械工业出版社（北京市百万庄大街22号 邮政编码100037）
策划编辑：谢 元　　　　　　　责任编辑：谢 元 丁 锋
责任校对：刘雅娜 王 延　　　　封面设计：张 静
责任印制：单爱军
北京虎彩文化传播有限公司印刷

2024 年4月第1版第5次印刷
184mm × 260mm · 7.25印张 · 136千字
标准书号：ISBN 978-7-111-70388-4
定价：39.00元

电话服务　　　　　　　　　　网络服务
客服电话：010-88361066　　　机 工 官 网：www.cmpbook.com
　　　　　010-88379833　　　机 工 官 博：weibo.com/cmp1952
　　　　　010-68326294　　　金 书 网：www.golden-book.com
封底无防伪标均为盗版　　机工教育服务网：www.cmpedu.com

前　言

　　随着我国汽车保有量的不断增加，汽车行业需要大量的售后服务从业人员，优质的售后服务成为赢得客户的关键所在。本书以汽车维修接待流程典型工作任务为对象，旨在培养学习者主动学习汽车服务理念、维修接待流程的运用，同时结合沟通技巧、推销技巧等营销类的内容，对学习者从事服务顾问岗位工作具有重要的现实意义。

　　本书以项目任务为引领，每个项目分为两三个任务，创设任务情景，学习的过程即为工作过程。每个任务均从客户的角度出发，通过引导性的问题，让学习者代入真实的工作情景中为客户解决实际问题，内容主线包括任务描述、行动目的、行动、评价及总结、相关知识点五部分，任务实施步骤融合了素质、知识、技能三大目标，有利于教师组织和实施。

　　本书由广西交通职业技术学院双师型教师罗海英、覃炳露担任主编，广西交通职业技术学院教授莫舒玥、广西理工职业技术学院双师型教师谢静怡担任副主编，深圳市顺通发汽车贸易有限公司售后服务经理岑伟原、广西交通职业技术学院林松、陈芳兰参编。团队人员具有丰富的汽车售后服务教学经验，其中 2 名教师从事汽车售后服务教学 8 年以上，均为校企合作品牌订单班讲师，在企业从事过相关岗位工作；1 名人员为企业售后服务经理，有着丰富的一线从业经验，经常回校指导学生实训。

　　由于编者水平有限，书中疏漏与不足之处在所难免，敬请广大读者批评指正。

编　者

目　录

CONTENTS

汽车维修
服务接待

项目一

岗位认识

整车销售（Sale）、零配件供应（Sparepart）、售后服务（Service）、信息反馈（Survey）是4S店的四大属性，几乎所有的4S店都是在厂家统一规定的模式下进行运营管理的。现阶段由于整车销售市场竞争日趋激烈，汽车销售毛利润率逐渐下滑，且各汽车品牌的市场占有率降低，因此国内汽车经销店及厂家对汽车售后服务的重视程度不断提高。通过本项目的学习，可以认识售后服务的范畴、维修接待服务流程、服务顾问能力要求。本项目包含以下两个工作任务：

任务一	认识售后服务
任务二	服务顾问的能力要求

通过完成以上两个工作任务，你能认识到售后服务的范畴、流程、岗位技能要求等。

任务一
认识售后服务

一 任务描述

客户期望： 用户希望得到一站式的、整个车辆生命周期的、愉悦的售后服务体验。

任务描述： 向客户描述售后服务包含哪些重要的内容。

二 行动目的

业务范畴	相关环节	知　识
①售后服务的内容	厂家服务延伸、配件、维修、美容装饰、道路救援、保险服务	售后各环节的意义
②售后维修接待流程	预约、接待、派工生产、质量控制、交车、服务后跟踪	流程的目的
③售后服务团队	团队架构	团队组成

三 行动

（1）了解售后服务的内容包括哪些。

（2）了解 4S 店在顾客与汽车生产厂商之间存在的重要意义是什么。

（3）了解售后维修接待流程有几个环节，分别是什么。

（4）了解售后部由哪些部门组成。

四 评价及总结

1. 学生自我评价表

评价项目	评价标准	分值	得分
售后服务的内容	能说出售后服务包括的具体内容（每个5分）	30	
维修接待流程	能说出维修接待流程的具体环节	10	
售后服务部门	能说出售后服务的部门	10	
仪容仪表	着装得体、头发干净，符合礼仪要求，精神饱满面带笑容	10	
工作态度	态度端正，无无故缺勤、迟到、早退现象	10	
工作质量	能按工作页要求完成工作任务	10	
职业素养	能做到礼貌、真诚待客	10	
协调能力	与小组成员、同学之间能合作交流，协调工作	10	
合计		100	

2. 教师评价表

评价项目		评价标准	分值	得分
考勤		无无故迟到、早退、旷课现象	10	
工作过程（60%）	售后服务的内容	能说出售后服务的具体内容	20	
	接待流程	能说出具体的流程	10	
	仪容仪表	着装得体、头发干净，符合礼仪要求，精神饱满面带笑容	5	
	工作态度	态度端正、认真、主动	10	
	工作质量	能按工作页要求完成工作任务	5	
	职业素养	精神饱满、礼貌、真诚待客，动作规范麻利、话术流畅	5	
	协调能力	与小组成员、同学之间能合作交流，协调工作	5	
成果展示	工作完整	能按时完成任务	5	
	工作规范	能按规范要求完成各个动作	5	
	成果展示	能说出售后服务的具体内容、维修接待流程	20	
合计			100	

据公安部数据，截至 2022 年 3 月，全国机动车保有量达 4.02 亿辆，其中汽车 3.07 亿辆。随着私家车保有量的不断增长，"七分养，三分修"的理念也逐渐被广大有车族所接受，汽车后市场的规模也在持续扩大。汽车后市场是指汽车销售以后，围绕汽车使用过程中的各种服务，涵盖了从汽车出售后到汽车拆解报废之间发生的所有交易。

汽车售后服务的内容主要包括：厂家服务的延伸、零配件经营、保养维修服务、美容装饰、道路救援服务、保险服务。

1. 厂家服务的延伸

厂家服务的延伸包括品质保修、售后服务培训、技术咨询、信息反馈。

（1）品质保修。为了保障消费者的合法权益和行业的良性发展，我国对于大部分消费品都有强制的三包规定，汽车也不例外。按照我国的三包规定，所有上市销售的新车都必须提供不少于 3 年 6 万 km 的质保期，从目前市场上的情况来看，很多汽车品牌都会提供比三包规定的 3 年 6 万 km 更长的质保期，如 3 年 10 万 km、4 年 10 万 km 甚至更长。对于一辆汽车来说，最重要的组成部分就是发动机、变速器等，当这些部件在质保期出现了质量问题，厂家会提供免费的维修服务，甚至可以直接更换总成。但是，汽车还有成千上万的其他零件，如"易损件"，而三包规定并未对"易损件"规定明确的质保时间，因此"易损件"的质保期被要求在汽车的三包手册中注明。随着时代的进步，消费者越来越重视产品的质量问题，质量问题通常最容易引发品牌危机及用户流失，因此汽车厂家就需要经销店作为与顾客之间的"桥梁"，妥善地处理好用户车辆的质量问题，保障用户体验和汽车品牌形象。

（2）售后服务培训。售后服务培训可以分为技术培训和非技术类培训。技术培训主要针对车辆在使用过程中应得到的技术支持和有偿服务。通过不断培养优秀的技术人员，将车辆需要的相应服务标准地提供给顾客；同时，提升经销店对用户的维护能力，促进顾客持续来厂接受服务，从而产生转介绍与重复购买的机会。非技术类培训主要针对提升 4S 店售后运营质量和以运营质量为基础的管理体系。非技术类培训主要强调岗位职能与服务流程在实际工作中的贯彻与落实。目前营销类培训也是非技术类培训的重要部分。

（3）技术咨询。厂家与经销店之间的技术咨询主要的表现形式是维修技术培训、技能交流、技术评估等，其目的是更加准确、有效地解决顾客的用车疑虑或提升经销店售后服务的生产效率和管理效率。

（4）信息反馈。汽车属于高技术含量产品、大众消费类产品，研发投入大、使用环境复杂，没有全面、准确的信息反馈，新车型销售或者客户维系时会产生顾客流失风险，给投资造成损失。通过经销店的信息收集，可以帮助厂家针对用户对技术需求的特点和具体的业务需求进行详细的论证和评估，确保新车销售和售后服务能契合用户的需求，保证品牌的市场竞争力。

2. 零配件经营

汽车生产厂家每年会制定相应的商务政策来指引经销店的全年运营管理，其中纯正零配件渗透率和厂家零配件采购额是其中非常关键的指标，目的是保证厂家零配件销售业务的开展和保障顾客的维修服务体验。厂家的配件供应是售后服务的重要环节，完善的厂家配件供应体系有助于售后服务的有序开展。除了与汽车生产厂家建立完善的配件供应体系外，经销店还需要有相对独立的汽车配件经营体系，与各地的汽配城、其他渠道原厂配件、品牌配件等进行有效合作，保障配件供应的灵活性，从而满足不同用户的不同需求。

3. 保养维修服务

汽车维修服务一般包括保养、维修、故障检测等，服务流程是确保高效服务步骤的基础，而高效的服务步骤可以实现优质的顾客满意度和经销店利润。汽车维修服务接待流程包括以下六个环节。

（1）预约环节：目的是控制客户数量防止拥堵；有足够的时间清楚地了解客户的需求；监控和安排所有可利用的维修技师的工作时间（工时）；有效处理随到客户和返修客户；平准化工作负荷。完善的预约系统可以有效地分配工作，并且给每位顾客安排足够的时间，从而提升用户的体验。

（2）接待环节：接待环节是创造顾客、车辆以及服务顾问联系的最主要环节，为营造积极的服务体验和维系长期的良好关系打下基础。在此过程中必须以有序的、高专业水准的方式接待顾客，增加客户的信心，在维修能力的基础上超越客户的期望。

（3）派工生产环节：派工生产环节的目的是计划、控制和监控在售后服务部接受服务的车辆。售后服务高效的工作需要人力资源和设施的良好协作，可通过售后系统来控制和监视售后服务部的运行情况，精确地记录保养维修信息和有效的维修过程管理对顾客的满意度有重要作用，有效的保养维修需求信息是达到一次完修的基础。

（4）质量控制环节：质量控制的目的是确保顾客车辆能够一次完修，这一目的通常通过两个途径来实现：第一是将质量意识渗入到六个环节中的每一个节点；第二是在完成全部维修工作、交车之前进行质量控制检查。

（5）交车环节：交车环节的目的是在规定的时间内将车辆交还给顾客，保证顾客离开时有正面的印象并对工作满意。

（6）维修后跟踪环节：维修后跟踪服务的目的是保持与顾客的紧密联系，确认顾客对店内最近一次维修服务的满意度情况，并在顾客满意度方面提供有价值的反馈，为后续的业务开展方案提供参考资料。

4. 美容装饰

开展汽车美容装饰服务保证了经销商售后服务的完整性，以满足不同顾客的不同需求，降低顾客流失的风险和保障顾客不一样的用车体验。

5. 道路救援服务

汽车故障救援服务的内容主要包括现场故障诊断、抢修服务、拖车服务等，这些情况下顾客往往比较焦虑和无助，提供高效专业的道路救援服务能够有效地提升用户对经销店的依赖程度和满意度。

6. 保险服务

机动车辆保险即汽车保险（简称车险），是指对机动车辆由于自然灾害或意外事故所造成的人身伤亡或财产损失负赔偿责任的一种商业保险。4S店开展车险业务能够有效地和保险公司建立合作关系，搭建一站式的售后服务体系，以便与顾客建立更加密切的关系，从而起到减少顾客流失，促进维修产值增长的作用。

售后服务部属于经销店的两大业务部门之一，售后服务团队通常人员较多，工种分类也相对复杂。比较常见的有客服部门、售后前台部门、配件部门、车间部门、美容精品部门。主要工作岗位有服务总监、服务经理、客服主管、前台主管、车间主管、配件主管、培训讲师、质检员、服务顾问、各维修工种的技师等。各分部门岗位的人员编制一般根据来厂台次规模和产值规模设定，汽车生产厂家商务政策会考核各部门岗位的人员满足率及认证通过率。在售后的日常运营过程中，各分部门的职能不同，各工种的岗位职责也不同，分工合作以及良好的团队精神和团队服务意识能保障售后服务部门的有序运转。

任务二
服务顾问的能力要求

一 任务描述

客户期望：接待我的人热情亲切、专业周到。

任务描述：了解服务顾问的能力要求。

二 行动目的

实施步骤	素 质	技 能	知 识
① 服务顾问岗位职责	善于学习和接受信息，树立热情服务、诚信服务的意识	产品知识和关怀技巧	具体岗位职责
② 为顾客提供哪些服务			服务要点
③ 技能要求			具体要求
④ 素质要求			

三 行动

（1）了解服务顾问岗位职责。

（2）了解服务顾问能够为顾客提供哪些服务。

（3）了解服务顾问技能要求。

（4）了解服务顾问素质要求。

四 评价及总结

1. 学生自我评价表

评价项目	评价标准	分值	得分
服务顾问岗位职责	至少说明 10 个	30	
服务顾问技能和素质要求	能清楚技能和素质的要点，并能正确表达	30	
工作态度	态度端正，无无故缺勤、迟到、早退现象	10	
工作质量	能按工作页要求完成工作任务	10	
职业素养	能干脆利落、动作规范、话术流畅地完成环检	10	
协调能力	与小组成员、同学之间能合作交流，协调工作	10	
合计		100	

2. 教师评价表

评价项目		评价标准	分值	得分
考勤		无无故迟到、早退、旷课现象	10	
工作过程（60%）	服务顾问岗位职责	至少清楚说明 10 个职责	10	
	服务顾问技能和素质要求	能清楚技能和素质的要点，并能正确表达	20	
	仪容仪表	着装得体、头发干净，符合礼仪要求，精神饱满面带笑容	5	
	工作态度	态度端正、认真、主动	10	
	工作质量	能按工作页要求完成工作任务	5	
	职业素养	精神饱满、礼貌、真诚待客，动作规范麻利、话术流畅	5	
	协调能力	与小组成员、同学之间能合作交流，协调工作	5	
成果展示	工作完整	能按时完成任务	5	
	工作规范	能按规范要求完成各个动作	5	
	成果展示	说出服务顾问岗位职责和能力要求	20	
合计			100	

五 相关知识点

1. 服务顾问岗位职责

经销店必须在车辆寿命周期内与顾客建立并保持长期的密切关系，以保持顾客对品牌的忠诚度，这就需要能够为顾客提供产品服务方面的信息和解决方案，满足其需求和期望。服务顾问是所有汽车维修服务活动的沟通核心，是联系顾客和经销店的桥梁，是为顾客提供用车帮助的专家，对顾客的满意度影响最大，对经销店有着不可或缺的重要意义。

服务顾问的岗位职责主要包括：

（1）以服务客户为根本，对工作尽职尽责。

（2）热情接待客户，必须使用文明用语，了解客户的需求及期望，为客户提供满意的服务。

（3）着装保持专业，待客热情、诚恳，谈吐自然大方，保持接待区整齐清洁。

（4）熟练掌握汽车知识，评估维修要求，及时准确地对维修车辆进行报价，估计维修费用或征求有关人员（上级）意见，得到客户确认后，开出维修工单，并耐心向客户说明收费项目及其依据。

（5）认真接待客户车辆，清楚仔细地检查车辆外观、内饰并认真登记，同时提醒客户将车内的重要物品保管好。

（6）掌握车间的维修进度，确保完成客户交修项目，按时将状况完好的车辆交付客户，对未能及时交付的车辆应提前与客户沟通，讲清楚原因。

（7）严格执行交、接车规范。

（8）根据维修需要，在征得客户同意的前提下调整维修项目。

（9）协助客户做好车辆的结算工作，热情服务，提高客户的满意度。

（10）善于与客户沟通，全方位地引导客户提高对车辆维修保养的认识。

（11）定期对客户进行回访，征求客户的意见，考察客户的满意度，并根据相应项目做好记录。

（12）处理好客户的投诉，根据实际情况认真耐心地做好解释，最大限度地降低客户的投诉。

（13）认真检查核对车辆及送修人的相关信息，及时准确地完成系统录入。

（14）认真听取和记录客户提出的建议、意见和投诉，并及时向上级主管汇报。

（15）宣传本企业，推销新技术、新产品，解答客户提出的相关问题。

2. 服务顾问能提供的服务

服务顾问能够为顾客提供的服务包括：指引客户；专业咨询关于用车、养车、修车的相关信息，并延伸到购车咨询；展现标准的职业服务礼仪；量身定制售后服务；解决疑虑，提升顾客满意度；反馈服务过程中的信息以及顾客对服务的意见或建议；搭建经销店与顾客之间的关系桥梁。

3. 服务顾问技能要求

产品知识和用户关怀是服务顾问的主要技能和素质要求。服务顾问不仅要为客户提供服务，更重要的是作为客户的顾问（Advisor）。客户能否信任服务顾问，关键在于是否有足够的专业知识。这些专业知识包括基本的汽车知识、零配件的名称和操作方法、新车特性和工作原理、主要附件和基本功能操作、保修政策以及各项步骤、车险条款、国家关于汽车的法律架构和法规、基本的道路交通规则等。

4. 服务顾问素质要求

服务顾问需要与不同需要和不同个性的顾客进行交流并建立关系，要具备良好的举止和礼仪，优秀的沟通能力、认真倾听的技巧、清楚的语言表达能力，能通过询问确定顾客的需求和期望，并有清晰的书面表达能力；基本的计算机操作技能；通过电话或者面对面处理投诉的能力；卓越的产品营销能力。

最后，作为一名优秀的服务顾问，要具有良好的团队服务意识，能够促进团队合作，与所有部门保持积极而富有创造性的关系，并富有激情、全身心地投入到工作任务中，在克服困难时或者在紧张的状态下能够保持冷静和建设性，可以承受较高的工作压力，视任务为挑战，具有高度的承受挫折能力；具有不断学习和汲取信息的热忱，尤其是要具备超强顾客服务意识和重视对协议以及承诺的遵守。

项目二

预　约

项目描述

　　预约工作是整个汽车售后服务流程的起始环节，具有举足轻重的作用。有效的服务预约可以简化后期服务的工作量，能够使工作井然有序，因此在日常工作中应该重视对客户的预约。本项目主要学习预约的含义、好处，执行主动预约和被动预约流程。本项目包含以下三个工作任务：

任务一	解释预约
任务二	执行主动预约
任务三	执行被动预约

　　通过完成以上三个工作任务，你能够向客户解释预约的分类、预约的好处，并能按照流程执行主动预约和被动预约。

任务一
解释预约

一 任务描述

客户委托：解释维修保养预约服务。

任务描述：李先生是一家贸易公司的经理，生意十分繁忙。这几天他感觉自己的轿车离合器打滑，于是把车开到他经常光顾的一家4S店。一进门就看见业务接待桌前有很多人，等了半天才开好了任务委托书。李先生开车到维修间，看到车间车辆满满的，车间主任告诉他再有半个小时才能给他检修，什么时候能修好也不能确定。这期间不停有人打电话找李先生，李先生有点不耐烦了，决定不修了，开着"带病"的车返回了单位。一连几天，他都开着这辆车办事，虽然有故障隐患，但心存侥幸。如果李先生是你的客户，你该如何向李先生解释维修保养预约服务，提升客户的满意度？

二 行动目的

实施步骤	素 质	技 能	知 识
① 预约的概念	秉承客户至上的服务理念，具备良好的沟通技巧及服务礼仪	能从客户角度通俗易懂地向客户介绍预约的好处	预约含义
② 预约的分类			预约类别
③ 预约途径			预约方式
④ 向客户解释预约的好处			对客户的好处、对企业的好处

三 行动

（1）想象并描述无预约的车辆进厂场景。

客户：_____

前台：_____

车间：_____

（2）想象并描述有预约的车辆进厂场景。

客户：_____

前台：_____

车间：_____

（3）预约的概念。

_____

（4）预约的分类。

预约分为主动预约和被动预约，企业给客户打电话属于_____，客户打电话给企业属于_____。

（5）预约途径。

_____

（6）预约的好处。

客户：_____

企业：_____

四 评价及总结

1. 学生自我评价表

评价项目	评价标准	分值	得分
预约的概念	能把握预约的概念	10	
预约的分类	能说出预约的类型	15	
预约途径	能说出预约的途径	15	
向客户解释预约的好处	能向客户解释预约对客户的好处	20	
工作态度	态度端正，无无故缺勤、迟到、早退现象	10	
工作质量	能按工作页要求完成工作任务	10	
职业素养	能做到礼貌、真诚待客，话术流畅	10	
协调能力	与小组成员、同学之间能合作交流，协调工作	10	
合计		100	

2. 教师评价表

评价项目		评价标准	分值	得分
考勤		无无故迟到、早退、旷课现象	10	
工作过程 （60%）	预约的概念及分类	能把握预约的概念及类型	10	
	预约途径	能说出预约的途径	15	
	向客户解释预约的好处	能向客户解释预约对客户的好处	15	
	工作态度	态度端正、认真、主动	5	
	工作质量	能按工作页要求完成工作任务	5	
	职业素养	精神饱满、礼貌、真诚待客，动作规范麻利、话术流畅	5	
	协调能力	与小组成员、同学之间能合作交流，协调工作	5	
成果展示	工作完整	能按时完成任务	5	
	工作规范	能按规范要求完成各个动作	5	
	成果展示	能区分预约类型，并能给客户解释预约的好处	20	
合计			100	

五 相关知识点

汽车维修企业非常重视预约工作，一般设立有预约专员或者客服人员专门负责预约业务或者由服务顾问兼任，有专门独立的预约热线，并且在店内明显的位置张贴有预约的宣传广告，欢迎客户的预约，并设有接待区、休息区等。

1. 预约的概念

汽车维修服务预约是指维修企业接受客户提出的预约请求，客户说明自身服务需求及期望接受服务的时间；或者维修企业根据基盘客户管理档案向客户提供定期维护保养提醒及预约等服务。

2. 预约的分类

预约一般分为主动预约和被动预约。

主动预约又称客户招揽，是指汽车维修服务企业根据基盘客户管理档案，主动与客户联系，了解车辆的使用情况，为客户制定一套维修保养计划，并邀约客户进行维修保养且与客户达成预约。常见招揽的内容有新车首次保养提醒、定期保养提醒、不同季节免费或者优惠活动提醒、厂家召回活动提醒等。

被动预约是指客户在使用车辆时发现车辆有故障，或者客户根据自身使用情况知道需要进行车辆保养了，主动向4S店打电话预约，希望在自己合适的时间进行保养，避免进厂当天排队浪费时间。为了方便回答客户提出的技术性问题，客户打入的预约热线电话一般设在服务顾问前台。

不管是何种预约，企业都应该针对客户的需求，做好充分的准备工作。通过维修预约，可以提升服务质量和服务效率，做到企业和客户双赢。

3. 预约的途径

客户可以通过现场预约、电话预约、网络预约等方式进行预约，不管何种途径，一般都需要提前24h以上。

4. 预约的好处

（1）预约对客户而言，好处是显而易见的：

① 能够合理安排自己的时间，客户按照约定的时间进厂，立即得到接待，减少排队的等候时间。

② 可以提前告知企业自己的保养内容，让企业可以提前准备好配件，避免进厂后因配件缺货而延误时间。

③ 能够提前知道保养维修需要的项目和价格，做到明白消费。

④ 享受企业一定的折扣优惠，如工时费打折、赠送小礼品等。

（2）预约对企业而言，意义更加重大，好处主要有：

① 做到削峰填谷，能合理利用4S店资源分配工作量，根据计划提前准备好配件，减少库存，提高资源利用率和作业效率，为4S店取得更大收益。

② 为客户提供更优质的服务，提高客户满意度，培养客户忠诚度；提升汽车的品牌形象。

③ 服务顾问能合理安排客户接待时间，合理安排工作，提高工作效率，与客户成为知心朋友。

正是因为预约能实现客户与企业双方之间利益最大化，所以企业应更加规范化地执行预约，提升汽车维修服务能力，真正做到以客户为中心。

客户预约成功后，服务顾问应该协调各部门做好准备工作，如与配件部门确认配件库存情况、与车间技师确认好工位预留情况等。服务顾问在客户进厂时要提前打印好任务委托书，迅速做好派工工作，让整个维修保养过程如期进行并按时交车，真正体现预约带给客户的好处，提升客户满意度。

任务二
执行主动预约

一 任务描述

客户委托：服务顾问主动打电话给我告知车辆该进行定期保养了。

任务描述：服务顾问小刘通过店内系统查询，发现客户张先生距上次来店为汽车做保养已经 3 个月了，预计目前已经行驶了 30000km，于是致电张先生，提醒张先生于近期来店保养。

二 行动目的

实施步骤	素 质	技 能	知 识
① 准备工作	秉承客户至上的服务理念，具备良好的沟通技巧及服务礼仪	能从客户角度出发提醒客户回厂做保养	物品、礼仪
② 致电客户			主动预约流程执行要点
③ 填写预约看板			预约看板填写要求

三 行动

1. 简述打电话前要做好的准备工作

（1）客户档案。了解售后服务管理系统（DMS）中包含的客户信息。

（2）预约登记表记录。

（3）礼仪。

（4）时间选择。

2. 致电客户，把话术写出来

（1）自报家门，确认对方信息。自报家门包含哪些信息。

（2）说明来意，询问是否方便接听。

（3）了解客户车辆情况。

（4）告知定期保养的意义。

（5）告知保养的内容、价格、所需时长。

（6）询问客户预约的时间，并说明预约的有效时间。

（7）总结预约内容，包括预约时间、保养内容、价格、交车时间、客户的需求等，并提醒客户带上保养手册、行驶证等资料。

（8）确认一小时提醒方式。

（9）礼貌询问客户是否还有其他需求，礼貌结束通话。

3. 填写预约看板

XX 店欢迎您的预约					
序号	姓名	车牌号	预约时间	服务顾问	
1					
2					

尊敬的预约客户，您好！

　　欢迎您预约回厂，为了保障您的权益和节省您的时间，我们将会为您保留专属工位 30min，请您在预约时间前后 15min 内到达维修接待处，否则将无法享受预约服务带给您的各种专属服务，敬请谅解！

预约热线：88888888

四　评价及总结

1. 学生自我评价表

评价项目	评价标准	分值	得分
主动预约准备工作	能说明拨打预约电话前的准备工作	10	
致电客户	能设计出主动预约话术，并掌握接打电话的技巧，可以根据客户的信息及 4S 店工作情况完成预约工作	35	

评价项目	评价标准	分值	得分
填写预约看板	能够顺利完成主动预约并准确填写维修预约登记表	15	
工作态度	态度端正，无无故缺勤、迟到、早退现象	10	
工作质量	能按工作页要求完成工作任务	10	
职业素养	能做到礼貌、精神饱满、音量适中、具有亲和力、真诚待客，话术流畅	10	
协调能力	与小组成员、同学之间能合作交流，协调工作	10	
合计		100	

2. 教师评价表

评价项目		评价标准	分值	得分
考勤		无无故迟到、早退、旷课现象	10	
工作过程（60%）	主动预约准备工作	能说明拨打预约电话前的准备工作	10	
	致电客户	能设计出主动预约话术，并掌握接打电话的技巧，可以根据客户的信息及4S店工作情况完成预约工作	15	
	填写预约看板	能够顺利完成主动预约并准确填写维修预约登记表、掌握电话记录的技巧	15	
	工作态度	态度端正、认真、主动	5	
	工作质量	能按工作页要求完成工作任务	5	
	职业素养	精神饱满、礼貌、真诚待客，动作规范麻利、话术流畅	5	
	协调能力	与小组成员、同学之间能合作交流，协调工作	5	
成果展示	工作完整	能按时完成任务	5	
	工作规范	能按规范要求完成各个动作	5	
	成果展示	能主动预约客户到店保养	20	
合计			100	

五 相关知识点

定期对客户进行保养提醒、爱车知识的讲解等系列活动能够达到维护基盘客户的目的，这是企业稳定产值来源的重要保障，因此需要做好主动预约工作。

1. 准备工作

不管是预约专员还是服务顾问，在进行电话招揽客户时，都必须调整好精神面貌，以饱满、热情的状态在电话中传递信息，提升企业的形象。先在售后服务管理系统（DMS）中调出客户信息，包括客户姓名、电话、车辆车牌号、上次保养的时间和项目，同时做好时间规划。打电话时，必须要根据当地的作息习惯，尽量避免过早、过晚、中午休息时间、下班时间，否则容易引起客户反感而拒绝接听电话。

2. 致电客户

执行要点如下：

（1）自报家门。电话接通时，服务顾问应第一时间自报家门，包括公司名称、岗位、姓名等内容，然后再确认客户信息，得到肯定之后应及时说明来意并询问客户是否方便接听。

（2）关怀客户。服务顾问要主动询问客户车辆目前行驶状况，如里程数、操作方面有无疑问，特别是首保的车辆，客户容易存在一些不会操作的功能区，及时询问客户能让客户感受到来自企业的关怀；而对于定期接受保养的车辆，应关怀客户上一次保养维修方面的事项，并针对客户提出的问题做出专业的回答，如当场不能回答，则应告知客户会在咨询相关人员之后给出回复，否则会降低客户的信任度。

（3）说明保养或维修内容事项。客户进厂维护保养，很担心价格不公开、不透明，担心4S店乱收费、乱更换项目，担心保养的时间过长影响自己的安排。为了消除客户疑虑，服务顾问在电话中应主动告知客户本次保养或维修所需要更换的零部件、原因、价格、预估时长等。对于客户反映的故障现象由于尚未检查出原因，因此配件、价格方面不能明确，只能告诉客户如果产生费用到时再当面确认。

（4）总结预约内容。客户接受预约后，服务顾问应向客户总结本次预约的内容，包括预约的时间、保养的项目以及价格、预估时长、客户反映的需求等。同时要提醒客户届时带上保养手册、行驶证，如有涉及保修的，还需要带上保修手册。

（5）确认提醒方式。如客户预约的时间离打电话当日间隔三天以上，需做一天前确认和一小时提醒，确保客户能按既定时间进厂维修保养；如有变更，应及时在系统更改。在预约时间点的前一小时，服务顾问也要提醒客户，所以在电话中要确认客户到时是希望电话提醒还是短信提醒。

3. 填写预约看板

服务顾问根据刚登记好的预约登记表及时在预约系统中录入客户的预约内容，并于客户到来前打印出维修合同。预约专员会在每一天下班时将第二天所有的预约客户信息打印出来，并填写到预约看板。

任务三
执行被动预约

一 任务描述

客户委托： 车辆行驶至 30000km，打电话到 4S 店预约。

任务描述： 客户李女士想通过电话预约，对自己的爱车进行 30000km 常规保养。她致电汽车 4S 店，服务顾问小刘接听了李女士的来电，并为李女士进行了车辆保养预约登记。

二 行动目的

实施步骤	素质	技能	知识
①准备工作	秉承客户至上的服务理念，具备良好的沟通技巧及服务礼仪	能按照礼仪规范接听客户电话，记录客户信息，并给予专业保养建议，成功帮客户预约	物品、礼仪
②接听电话			被动预约流程执行要点
③填写预约看板			预约看板填写要求

三 行动

（1）想象维修接待前台电话铃响时的场景。

（2）如服务顾问手上有工作应停下，并于_____声铃响内接听电话。

（3）绘制接听电话流程图。

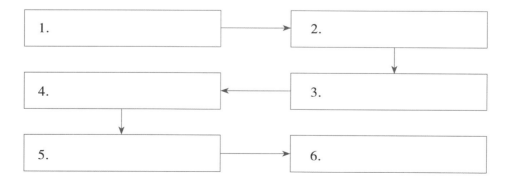

（4）接听电话，服务顾问需要记录哪些客户信息？

（5）常规 30000km 保养需要更换的配件有哪些？大概需多长时间？

（6）接听客户电话并填写预约登记表。

预约登记表

××店服务顾问：　　　　　　　　　　　　　　　　　　　　　　　年　月　日

客户基本情况			
客户姓名		联系电话	
车牌号码		车型、排量	
行驶里程		购车日期	

预约情况			
预约进厂时间	月　日　时　分	预计交车时间	月　日　时　分

预约内容

客户描述：

维修项目	工时费用	配件名称	配件价格
预估费用			

客户其他要求：

备注：

（7）填写预约看板。

×× 店欢迎您的预约				
序号	姓名	车牌号	预约时间	服务顾问
1				
2				

尊敬的预约客户，您好！
　　欢迎您预约回厂，为了保障您的权益和节省您的时间，我们将会为您保留专属工位 30min，请您在预约时间前后 15min 内到达维修接待处，否则将无法享受预约服务带给您的各种专属服务，敬请谅解！
预约热线：88888888

四 评价及总结

1. 学生自我评价表

评价项目	评价标准	分值	得分
被动预约准备工作	能说明接听预约电话前的准备工作	10	
接听电话	能够向客户说明 30000km 保养的内容，并按照预约工作流程运用流畅话术回应客户	35	
填写预约看板	能够顺利完成被动预约并准确填写维修预约登记表，掌握电话记录的技巧	15	
工作态度	态度端正，无无故缺勤、迟到、早退现象	10	
工作质量	能按工作页要求完成工作任务	10	
职业素养	能做到礼貌、精神饱满、音量适中、具有亲和力、真诚待客，话术流畅	10	
协调能力	与小组成员、同学之间能合作交流，协调工作	10	
合计		100	

2. 教师评价表

评价项目		评价标准	分值	得分
考勤		无无故迟到、早退、旷课现象	10	
工作过程（60%）	被动预约准备工作	能独立完成预约准备工作	10	
	接听电话	能根据预约登记表接听客户电话，向客户说明 30000km 保养的内容，并按照预约工作流程运用流畅话术回应客户	15	
	填写预约看板	能够顺利完成被动预约并准确填写维修预约登记表，掌握电话记录的技巧	15	
	工作态度	态度端正、认真、主动	5	
	工作质量	能按工作页要求完成工作任务	5	
	职业素养	精神饱满、礼貌、真诚待客，动作规范麻利、话术流畅	5	
	协调能力	与小组成员、同学之间能合作交流，协调工作	5	
成果展示	工作完整	能按时完成任务	5	
	工作规范	能按规范要求完成各个动作	5	
	成果展示	能根据预约登记表接听客户电话	20	
合计			100	

五　相关知识点

服务顾问或者预约专员应熟练掌握预约流程，在接听客户电话时做到应对自如，具体流程操作要点如下：

1. 准备工作

预约电话铃声响起时，服务顾问或者预约专员应第一时间停下手上的工作，迅速调整好精神状态，3声之内（彩铃10s之内）热情主动地接听电话。

2. 接听电话

① 首先要自报家门，说出公司名称、岗位名称、自己姓名，并询问客户需求。

② 了解客户信息和车辆信息并记录在预约登记表上，信息主要包括客户姓名、联系电话、车牌号、车型和排量、行驶里程、购车日期等。特别是对于首保的客户和质保期内的保修，要想得到免费首保或保修，时间和里程数都不能超过厂家规定的数值，否则会造成厂家拒赔，因此一定要记录清楚。

③ 确认客户的预约时间。应尽量满足客户的需求，如客户提出的时间是在进厂高峰期，为了能让企业资源得到合理应用和分配，可以引导客户选择低谷时间。如果是返修的客户，应满足客户的第一时间要求，尽快安排回厂。

④ 关心客户的车辆使用情况。服务顾问应该站在客户的立场，如询问客户除了常规的保养还有没有需要重点检查的地方，以增加客户的好感度，同时也可以挖掘更多的客户需求，加大提高产值的机会。整个过程要做到积极的倾听和适当的提问引导，不随意打断客户，即便当客户有抱怨情绪时，也要认同客户的情感，理解和尊重客户的想法，绝对不能出现与客户争执的现象，这样才能达到比较好的沟通目的。

⑤ 针对客户的保养项目、维修项目报价要做到透明、真实，避免引起客户疑虑，如暂时无法判断是否产生更换项目时，也要和客户说清楚进店后由车间技师检查后才能确定是否产生费用。千万不能以低价引诱客户进厂，然后又出现一些不必要的项目费用，这样容易造成客户反感而投诉。同时还要告知客户本次项目的预计时长，以便客户安排好时间。

⑥ 确认预约信息。及时向客户总结确认，以便让客户清楚项目内容、价格、时长等，让客户安心、放心。同时还要提醒客户带上相应的资料，如保养手册、行驶证、保修手册等。

3. 填写预约看板

最后把本次客户的预约信息录入预约系统，在客户到来时提前打印好任务委托书，以便及时进行派工。同时在预约看板上写上客户信息，如是返修客户、抱怨客户、紧急情况等应予以标注。

如客户预约的时间离打电话当日间隔三天以上，需做一天前确认和一小时提醒，确保客户能按既定时间进厂维修保养；如有变更，应及时在系统更改。在预约时间点的前一小时，服务顾问也要提醒客户，所以在电话中要确认客户到时是希望电话提醒还是短信提醒。

项目三

接 待

项目描述

　　杨先生之前车辆都在别的 4S 店做保养，今天第一次到你店做 30000km 保养，有预约，请根据场景接待客户完成车辆预检。本项目主要学习如何迎接客户、环车检查、车辆问诊。本项目包含以下三个工作任务：

任务一	迎接客户
任务二	环车检查
任务三	车辆问诊

　　通过完成以上三个工作任务，你能清楚接待环节的服务流程，顺利完成客户车辆的预检工作。

任务一
迎接客户

一 任务描述

客户委托：希望得到服务人员专业热情的接待。

任务描述：在客户进厂时，能运用商务礼仪迎接客户，给客户留下良好的专业形象，并能对客户的车辆进行有效防护。

二 行动目的

实施步骤	素 质	技 能	知 识
① 了解客户期望	一丝不苟的工作态度、自律	日常5S管理、专业的形象	客户期望
② 准备接待用品			接待物品的认识
③ 迎接客户			礼仪知识
④ 安装防护用品			执行礼仪

三 行动

1. 客户进厂时的期望

2. 准备工作

（1）维护售后服务区域的环境。

5S管理包括：

（2）认识接待客户时需要用到的物品。

图 A

名称：_____

作用：_____

图 B

名称：_____

作用：_____

图 C

名称：_____

作用：_____

图 D

名称：_____

作用：_____

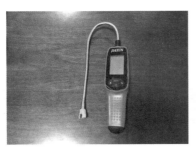

图 E

名称：_____

作用：_____

图 F

名称：_____

作用：_____

（3）礼仪准备。

仪容：男：_____女：_____。

仪表：服务人员应佩戴统一的_____，穿统一的工作服，精神饱满，热情服务。

3.引导客户停车

（1）客户车辆到达维修接待区后应在_____ s 内有人上前迎接，根据车牌号判断车辆是否有_____，对预约客户应能第一时间尊称客户且全程用上。

（2）客户下车时应提醒客户带走_____，服务顾问在门边应有_____动作。

（3）安全注意事项：_____。

4.问候客户

（1）自我介绍，把话术写下来。

（2）递名片时应_____手递过去并把名片的_____面面向客户。

（3）向客户确认预约项目，把话术写下来。

5.安装防护用品

（1）向客户解释安装防护用品的目的，把话术写下来。

（2）迅速安装防护用品。

安装防护用品时手上的夹板可以放在_____或者_____，避免放在车顶刮花客户车漆。安装防护用品的顺序为_____、_____、_____，其中脚垫的_____面面向驾驶员位置。

（3）利用箭头标识贴记住客户座椅位置。

四 评价及总结

1.学生自我评价表

评价项目	评价标准	分值	得分
物品的认识	能说出每一种物品的作用（每个5分）	30	
问候客户	使用欢迎语，能流利说出公司名称、岗位名称、姓名，正确递名片	10	
安装防护用品	能按顺序正确安装防护用品	10	
仪容仪表	着装得体、头发干净，符合礼仪要求，精神饱满面带笑容	10	
工作态度	态度端正，无无故缺勤、迟到、早退现象	10	
工作质量	能按工作页要求完成工作任务	10	
职业素养	能做到礼貌、真诚待客，动作规范、话术流畅	10	
协调能力	与小组成员、同学之间能合作交流，协调工作	10	
合计		100	

2. 教师评价表

评价项目		评价标准	分值	得分
考勤		无无故迟到、早退、旷课现象	10	
工作过程（60%）	问候客户	使用欢迎语，能流利说出公司名称、岗位名称、姓名，正确递名片	10	
	防护用品	能说出物品名称、作用	20	
	仪容仪表	着装得体、头发干净，符合礼仪要求，精神饱满面带笑容	5	
	工作态度	态度端正、认真、主动	10	
	工作质量	能按工作页要求完成工作任务	5	
	职业素养	精神饱满、礼貌、真诚待客，动作规范麻利、话术流畅	5	
	协调能力	与小组成员、同学之间能合作交流，协调工作	5	
成果展示	工作完整	能按时完成任务	5	
	工作规范	能按规范要求完成各个动作	5	
	成果展示	能规范完成客户接待流程	20	
合计			100	

五 相关知识点

1. 了解客户的期望

了解客户的期望是做好服务的前提。第一次进厂的客户，面对的是一个未知环境，心里会有些忐忑，不知道服务水平怎么样，会不会被"宰"，会不会修不好车等；而有些车辆故障是突发的，客户不得不进厂，心情也会有些着急烦躁；有些客户则非常赶时间，在工作之余抽空进厂，十分在意是否能按时交车。了解客户的心理之后，服务顾问就能了解到客户的期望值：①希望立即能得到接待，不用浪费时间等待。②希望服务顾问亲切、热情、礼貌、专业可靠。③希望服务人员真正关心车辆，推荐的项目合理，价格透明。④希望在承诺的时间内按时交车。

2. 接待前准备工作

维修接待区域环境要做到干净整洁、宽敞、光线良好，设施配套齐全，能对系统进行彻底的检查，有举升机、价目表、车间看板等。维修接待通道、停车区要有明显的标识，方便客户寻找，并且留有专门的预约通道供预约车辆驶入，以体现预约的优越性。服务接待大厅应配备感应大门、冷暖空调、播放系统等，不乱堆放杂物，服务顾问桌面不能放私人物品，一般只放计算机、电话、当月广告活动；背景墙应张贴各种配件价格和工时标准，做到维修项目价格公开透明化。

服务顾问是客户进厂时的直接接触人，是公司形象的代表。服务顾问应统一着装，佩戴工牌，精神饱满，面带微笑。同时还要准备好接待客户和车辆过程中用到的物品，如名片、接车单、防护用品、车辆状态指示牌、质检卡、手电筒、胎压检测仪、胎纹深度尺、制动液检测仪等。

3. 迎接客户

服务顾问接待客户一定要及时。维修接待通道设有引导台，一般由服务顾问轮流值守。客户车辆到达维修接待区时工作人员应及时接待，一般要求 30s 内必须要有人上前迎接，先到先接待，做到公平公正，询问客户来意，指引到相对应的业务区域。如果需要等待，则等待时间不得超过 5min，如出现多人等待或者超过 5min，应临时增加服务顾问，不允许维修技师代替服务顾问接车，也不能出现客户无人接待的现象，避免车辆在通道内得不到及时接待而造成堵塞。在引导客户停车时，应注意自身安全，不要在车辆的正前方指引车辆，应在车辆侧面驾驶员视线范围内用手势指引客户停到指定车位。然后站在客户车门边大约 1m 的位置，静候客户下车，如客户有开门动作，应主动上前帮客户拉开车门，并有护顶的手势。

对于预约客户，应直接称呼出客户，并向客户做自我介绍。如"李先生您好，欢迎光临 ××，我是服务顾问 ××，很高兴为您服务，这是我的名片，请多多关照""您今天预约的项目是 30000km 的保养，根据您的需求，我们已经做好了相关准备，请问保养手册和行驶证带来了吧？"如果面对的是未预约客户，在自我介绍后，应及时询问客户的称呼，在接车单上做好记录，并在整个维修接待过程中尊称客户。同时还要向未预约客户介绍预约的好处，做到处处宣传预约。

4. 安装防护用品

防护用品最主要的作用是在维修保养过程中保护客户的驾驶室不被弄脏，一般为三件套，包括座椅套、转向盘套、脚垫，有些品牌还包括变速杆套、驻车制动杆套。服务顾问应认真安装好防护用品，先铺脚垫，脚垫一般印有企业品牌标识，应正面面向座椅。此时服务顾问的手写板夹可以放在脚垫上，也可以放在仪表台面上，不要放在车顶，否则容易刮花客户的车辆。然后铺上座椅套、转向盘套。整个过程要做到动作麻利迅速，给客户以非常干练、专业的感觉。安装过程中还可以适当地和客户寒暄，拉近与客户之间的距离。

任务二
环车检查

一 任务描述

客户委托：确认车辆进厂时的状态。

任务描述：在客户车辆进厂时，对客户的车辆进行环车检查。

二 行动目的

实施步骤	素 质	技 能	知 识
① 环车检查的作用			环车检查的步骤
② 环车检查的原则	一丝不苟的工作态度、诚信对待客户	能专业完成客户接待	环车检查内容及要求
③ 按照礼仪执行环车检查			环车检查的礼仪和话术

三 行动

1. 说出环车检查的作用

对客户：_____

对企业：_____

2. 说出环车检查的原则

环车检查的原则是先车_____后车_____，从高到低，从左前门开始，按照_____时针的顺序依次进行检查，注意死角部位。

3. 执行环车检查

（1）车内。提醒客户带走贵重物品，征得客户同意后进入车内检查，先检查仪表，记录_____和_____，并当面向客户报出来，当面报的目的是_____。

其次检查其他的功能键，包括_____。

打开中央扶手箱和杂物箱检查功能是否正常时，因涉及隐私问题，需征得客户的同意。

（2）说出环车检查中需检查的车身各零部件名称、发动机舱各零部件名称。

方位	检查项目			
左前侧	车顶	前风窗玻璃	左前翼子板	
	左前门窗	刮水器	左前轮胎	
	下裙	发动机舱盖	钢圈	
正前方	前照灯	前保险杠	雾灯	中网
	机油	制动液	蓄电池	传动带
	冷却液	风窗清洗液	管路	助力转向液
右侧	右前翼子板	钢圈	下裙	右后翼子板
	右前轮胎	右前门窗	右后门窗	右后车轮
后方	行李舱盖	后保险杠	备胎	随车工具
左后侧	油箱盖	左后翼子板	左后门窗	下裙

（3）确认检查结果。

接车检查单						
客户姓名/单位			车牌号		行驶里程	km
客户描述	保　养：首次保养□　小保养□　常规保养□　验车保养□　换机油机滤□ 　　　　换三滤机油□　换机油□ 发动机：不起动□　抖或挫□　加速不良□　动力不足□　油耗高□　易熄火□ 　　　　怠速不稳□ 异　响：发动机□　底盘□　行驶□　变速器□　制动□　仪表台□　座椅车门□ 灯　亮：机油黄灯□　机油红灯□　冷却液温度灯□　ABS□　气囊□ 　　　　转向机灯□　EPC 灯□ 空　调：不制冷□　异响□　有异味□ 漏　水：冷却液□　车身□　天窗□ 漏　油：发动机□　变速器□　制动□　汽油□ 事　故：保险事故整形油漆□　局部整形补漆□ 其　他：＿＿＿＿＿＿＿＿＿＿＿＿＿＿＿＿＿＿＿＿＿＿					

随车物品	1		备胎检查	是□　否□	燃油存量检查	
	2					
	3		是否洗车	是□　否□		
	4	（提醒用户妥善保管好车上的贵重物品）				
是否需要送车		是□否□		送车地址：		
是否需要带走旧件		是□否□		放置地址：		

车辆外观检查			车辆内饰检查	
▼凹凸□			▽污渍□	
▲划痕□			△破损□	
◆石击□			◇色斑□	
●油漆□			○变形□	

进一步检查□　　　　　　　　　　　　　　　预检□

检查结果	
维修方案	

日期：　　　　　服务顾问签字：　　　　　客户签字：　　　　　打印经销商 / 维修站名称

四　评价及总结

1. 学生自我评价表

评价项目	评价标准	分值	得分
环车检查的作用	能说出环车检查的作用	5	
环车检查的原则	能说出环车检查的原则	5	
车内检查	完成车内里程数、燃油量、各个功能键的检查	10	
车外检查	按顺序完成外观、发动机舱、行李舱的检查	40	
工作态度	态度端正，无无故缺勤、迟到、早退现象	10	
工作质量	能按工作页要求完成工作任务	10	
职业素养	能干脆利落、动作规范、话术流畅地完成	10	
协调能力	与小组成员、同学之间能合作交流，协调工作	10	
合计		100	

2. 教师评价表

评价项目		评价标准	分值	得分
考勤		无无故迟到、早退、旷课现象	10	
工作过程（60%）	车内检查	完成车内里程数、燃油量、各个功能键的检查	10	
	车外检查	按顺序完成外观、发动机舱、行李舱的检查	20	
	仪容仪表	着装得体、头发干净，符合礼仪要求，精神饱满面带笑容	5	
	工作态度	态度端正、认真、主动	10	
	工作质量	能按工作页要求完成工作任务	5	
	职业素养	精神饱满、礼貌、真诚待客，动作规范麻利、话术流畅	5	
	协调能力	与小组成员、同学之间能合作交流，协调工作	5	
成果展示	工作完整	能按时完成任务	5	
	工作规范	能按规范要求完成各个动作	5	
	成果展示	能规范完成环车检查流程	20	
合计			100	

五 相关知识点

车辆进入车间维修保养前，接待客户的服务顾问必须先对车辆进行环车检查。

1. 环车检查的作用

环车检查是互动式接待中很重要的步骤，能够使维修程序尽可能透明化，建立起客户和经销商之间的信任关系，提升客户满意度，也反映了服务顾问工作是否专业、规范。在检查过程中，服务顾问能充分了解客户的需求，以获取更高的利润；能够查出客户可能尚未发现的故障或隐患，避免不必要的纠纷。

2. 环车检查的原则

环车检查要主动邀请客户一起进行，一般遵循从内到外、从上到下、顺时针方向检查的原则，对车辆的内饰、功能键、外观、发动机舱、行李舱、底盘等进行认真细致的检查，特别是对于车辆原有的损伤，或者客户自己未发现的损伤，都应及时当面和客户确认，避免交车时产生不必要的纠纷。

3. 环车检查

（1）车内检查。服务顾问应第一时间用标识贴记住客户的座椅、靠背位置，以方便后面挪动时能恢复到客户原来的位置。进入车内检查前先提醒客户带走车上贵重物品，然后礼貌性地询问客户是否方便进入，客户同意后再进入。燃油量和里程数要当面向客户说明清楚并记录在接车单上。检查灯光时可以请客户到前面帮忙确认，打开中央扶手箱和杂物箱涉及隐私时必须征得客户同意。

（2）车外检查。主要涉及漆面是否有刮伤，车上是否有凹陷、变形，轮胎是否老化，钢圈有无划痕变形等，如果有，要用对应的标识符号做记录。

① 下车后从左前门的地方开始，按照车顶、车门、下裙由高到低进行检查。服务顾问还要注意与客户之间的站位问题，服务顾问应倒着走，左手指向车辆部位，正面面向客户向客户一一确认车辆外观情况。检查低处部位如下裙、轮胎时，应注意使用正确的蹲姿。

② 检查发动机舱确认机油状况时，要注意机油尺拔出来后展示给客户的角度，不应出现垂直或水平的角度，同时通过机油颜色和状态的展示，增强客户更换机油的信心。

③ 打开行李舱检查时也应先征得客户的同意。

（3）确认签字。当环车检查完成后，应及时当面向客户总结检查的情况，并请客户签字确认。

在环车检查的过程中要与客户保持良好的沟通，建立信任关系，了解客户的用车习惯，并通过自己的专业技能充分发掘客户车辆维修保养需求。在与客户交流的过程中捕捉销售机会，为估价过程做好铺垫，以保证销售的成功率和服务过程的满意度。

任务三
车辆问诊

一 任务描述

客户委托： 车辆行驶了 3 万 km，制动异响，希望服务顾问进行问诊。

任务描述： 客户反映故障时，能有技巧地向客户提问，掌握故障情况，提供专业的建议，并能解释哪些情况属于保修范围。

二 行动目的

实施步骤	素 质	技 能	知 识
① 确认需求	具备良好的沟通技巧	掌握 5W2H 的车辆问诊技巧	客户的真实需求
② 5W2H 问诊			5W2H 的车辆问诊技巧
③ 引领入座	符合商务礼仪的基本要求	主动引领入座	引领入座的商务礼仪

三 行动

1. 确认客户进厂的需求（客户反映制动异响），请写出话术

2. 针对客户反映的制动异响，初步判断制动异响的原因

➤ **小提示：** 服务顾问只能对故障原因进行分析，不能下结论，具体的结果应该由维修技师检查后得出。因此服务顾问需要对故障发生的过程进行详细的了解并做好记录，方便维修技师一次性修复故障。

3. 5W2H 问诊

（1）利用网络资料查询 5W2H 的含义和作用。

含义：_____

作用：_____

（2）写出 5W2H 在故障问诊过程的含义，以客户反映制动异响为例。

What   _____

When   _____

Who   _____

Where   _____

Why   _____

How   _____

How many   _____

（3）根据客户反映的制动异响进行 5W2H 问诊，请把话术写下来。

（4）沟通技巧。提问的方式一般有两种，一种是_____，另一种是_____。
用通俗易懂的语言帮助客户把当时的故障现象描述出来，如客户提到的制动
异响，可以用象声词"吱吱吱""嘎嘎嘎"来引导客户描述；认真倾听客户的
描述，适当地重复并做记录。针对客户的描述，服务顾问只能进行分析，不
能下结论。

（5）常见故障问诊。

故障	故障表现	发生的条件	车辆使用情况	出现频率
发动机无法起动	□有起动征兆 □无起动征兆 □起动后熄火 □其他	□雨天 □晴天 □雪天 □冷车 □热车 □怠速 □高转速 □特定转速 □换档 □转向 □制动	□加速 □减速 □匀速 □高速 □低速 □高速路 □颠簸路段 □一般路面 □市区 □上坡 □下坡	□经常 □有时 □每次 □总是 □很少 □自车辆新时开始 □仅最近
发动机起动困难	□冷车起动困难 □热车起动困难 □其他			
怠速不良	□怠速高 □怠速低 □怠速抖动 □怠速不稳 □其他			
方向跑偏	□直线行驶不正 □手不扶往一边偏 □制动跑偏			
方向重	□向左重 □向右重 □都有 □打不动			

（6）把问题记录在接车单，并向客户做小结，写出小结话术。

接车问诊单

单号： H2901120921112

东风日产****专营店　　地址：****　　传真：****　　电话：****

客户名： 张帆　　车牌/VIN： 粤A34567/LGBL2AE08BS062134　　里程： 19，560 km

来店时间： 8:30　　车型： 逍客　　备注：_____

| □ 首二保 | □ 每5千km保养 | □ 每10千km保养 | ☑ 每20千km保养 | □ 每40千km保养 |

客户陈述/原因分析/预诊断结果

1. 重点检查底盘和制动。
2. 车后面有"咯噔咯噔"的异响，持续约1周，在颠簸的路上声音更大。

4. 引领入座

从外面接待区域引领客户进入维修接待前台入座，应注意基本礼仪，如应使用正确的手势引领，同时配合语言。

服务顾问主动询问客户需要喝什么茶水，店内一般至少提供_____种茶水，上茶水注意要从客户的_____手边上，切忌边上茶边讲话。

四 评价及总结

1. 学生自我评价表

评价项目	评价标准	分值	得分
5W2H 的含义	能分别说出 5W2H 在故障问诊中的具体含义	20	
5W2H 问诊	能利用 5W2H 技巧对客户反映的故障进行问诊	40	
工作态度	态度端正，无无故缺勤、迟到、早退现象	10	
工作质量	能按工作页要求完成工作任务	10	
职业素养	能干脆利落、动作规范、话术流畅地完成问诊	10	
协调能力	与小组成员、同学之间能合作交流，协调工作	10	
合计		100	

2. 教师评价表

评价项目		评价标准	分值	得分
考勤		无无故迟到、早退、旷课现象	10	
工作过程（60%）	5W2H 的含义	能分别说出 5W2H 在故障问诊中的具体含义	10	
	5W2H 问诊	能利用 5W2H 技巧对客户反映的故障进行问诊	20	
	仪容仪表	着装得体、头发干净，符合礼仪要求，精神饱满面带笑容	5	

评价项目		评价标准	分值	得分
工作过程（60%）	工作态度	态度端正、认真、主动	10	
	工作质量	能按工作页要求完成工作任务	5	
	职业素养	与客户沟通时自然、亲切、真诚，语言流畅	5	
	协调能力	与小组成员、同学之间能合作交流，协调工作	5	
成果展示	工作完整	能按时完成任务	5	
	工作规范	能按规范要求完成各个动作	5	
	成果展示	能规范完成问诊流程并引领客户入座	20	
合计			100	

五 相关知识点

1. 确认客户需求

服务顾问在接待进店做保养的客户时，为了提升客户满意度，需充分确认客户真实的需求，如询问客户"×先生，除了做保养之外，您还有需要我们重点帮您检查的地方吗？"当客户车辆出现故障进厂时，心情或多或少都会受到影响，因此服务顾问在接待客户时，要第一时间安抚客户的情绪，如"×先生，很抱歉给您造成困扰了，您放心，我们的技师一定能帮您解决好这个故障，您看我现在可以问您几个关于车辆的问题吗？"

2. 5W2H 问诊技巧

在与客户的沟通过程中，要注意运用一定的技巧。沟通是人与人之间、人与群体之间思想与感情的传递和反馈的过程，以求思想达成一致和感情表达通畅。沟通时重在倾听，确保注意力集中听内容、听内涵，鼓励对方说话，用积极的肢体动作（目光交流、点头/微笑）让客户感到你在倾听。

一般采用两种提问方式，第一种是开放式的提问，提出比较概括、广泛、范围较大的问题，对回答的内容限制不严格，给对方以充分自由发挥的余地，如什么？为什么？何时？何地？谁？第二种是封闭式提问，是指提出答案有唯一性，范围较小，对回答的内容有一定限制。提问时，给对方一个框架，让对方在可选的几个答案中进行选择，如是不是、行不行、左还是右、他或者她……

5W2H 分析法又称"7问"分析法（7何分析法），是在第二次世界大战时期由美国陆军兵器修理部首创。它易于理解、使用，富有启发意义，是一种定律，是一种原理，也是一种流程，更是一种工具，被广泛运用于企业管理和日常工作学习之中。经过人们不断运用和总结，逐步形成了一套成熟的"5W+2H"模式。规范的问诊流程和问诊方式能够体现出服务顾问的专业素养，服务顾问通过 5W2H 问诊获取准确信息，避免与客户和维修技师进行无效的沟通，提高了工作效率和一次修复率，使客户对经销店产生足够的信任。

5W2H 主要是指 What、When、Who、Where、Why、How、How many。What 主要指的是症状的表现，如异响、异味、跑偏等；When 指的是故障出现的时间、工况；Who 指的是驾车人还是同车人，故障是否和驾车人有关，是否由其他使用者引起？Where 指的是出现的地点、部位；Why 指的是可能导致该故障的原因；How 指的是故障出现时是如何操作的；How many 指的是故障发生的次数。

5W2H 车辆问诊技巧执行要点如下：

（1）请客户描述故障发生时车辆的表现，如"×先生，您刚才提到的制动异响是'吱吱'响还是很刺耳的'嘎嘎'响？""×先生，您说的异味是一种什么样的味道呢""×先生，您能描述一下当时车辆跑偏是什么样的状态吗？"服务顾问应尽可能地用简单、通俗、易懂的语言引导客户描述故障发生时的状况，避免用太专业的汽车术语。

（2）车辆发生故障时可能会和特定的时间（早上、中午、下午）、天气（热天、冷天、雨天、晴天、雪天）或者驾驶条件（起动、怠速、暖机、车速、转速、换档、转向、制动、上下坡、巡航、重新起动）有关系，应根据客户反映的具体故障来选择询问，如"×先生，制动异响是下雨天才出现吗？晴天的时候有没有出现过呢？""×先生，您说的发动机抖动是在早上冷车起动的时候出现的吗，行驶一段距离后再次起动有没有出现抖动呢？"

（3）某些故障可能会和不同的驾驶者有关系，如手动档挂档困难，这种属于人为的感觉问题，因此需要了解故障是否只和驾驶者有关，是否由其他使用者引起、是驾车人还是同车人感觉到的。如询问客户"×先生，您说的手动档挂档困难，是您自己的感觉吗？家人朋友在使用的时候有没有这种感觉呢？"

（4）了解清楚故障发生的地点、故障出现的部位（噪声源来自于前部、后部、左侧、右侧）或者使用环境（反复短距离行驶，牵引拖车，长时间怠速，在高湿度地区、有腐蚀性物质的地区行驶，在粗糙泥泞、颠簸、凹坑、沙漠地带中行驶，频繁制动，山区行驶，季节性经常涉水行驶），如询问客户"×先生，制动异响是哪个车轮发出来的声音？""×先生，出现方向跑偏时是在什么样的路面呢？"

（5）有些车辆故障不一定是由于车辆质量引起的，有可能是外力造成的，因此可以试探性地询问客户，如针对客户反映的方向跑偏问题询问客户，"×先生，最近有没有走过一些特别坑洼的路面磕碰过底盘呢？"此类问题应注意措辞，尽量委婉一点，避免激怒客户。

（6）了解清楚车辆发生故障时正在进行什么操作，如起动、急停、急加速等，询问客户"出现制动异响时是正在紧急制动还是普通的缓缓制动"

（7）了解清楚故障发生的频率、次数，一般使用"每次、总是、有时、很少、自车辆新时开始、仅最近"，如"是每次踩制动踏板都响吗？"

在使用 5W2H 方法对客户车辆进行问诊时，应使用通俗易懂的语言，不使用过于专业的词汇，以免客户无法理解，导致客户产生不耐烦甚至反感的情绪。询问的信息应尽可能详细，以便对故障原因做出最准确的判断；但也不必对 5W2H 所有的信息都进行询问，获取到足够的信息即可。客户描述时要仔细倾听，及时记录。不能打断客户描述过程。对客户描述不清的地方要及时复述并确认。若客户对问诊中的问题回答得很专业，可适时地赞美。

常见故障原因

玻璃升降异常	① 玻璃升降架损坏；② 电动机损坏；③ 熔丝、电路损坏
中高速方向跑偏	① 轮胎磨损异常；② 转向器损坏；③ 转向机构变形损坏
制动异响	① 有异物进入制动盘表面；② 制动片磨损到极限；③ 制动片磨损异常；④ 制动盘磨损异常
空调异味	① 空调滤清器脏堵；② 鼓风机脏
转向盘抖动	① 车轮出现动不平衡；② 转向传动机构变形损坏
动力不足	① 缺缸；② 火花塞损坏；③ 点火线圈损坏；④ 喷油器损坏；⑤ 点火电路损坏；⑥ 喷油电路损坏
发动机漏油	① 曲轴前油封损坏；② 曲轴后油封损坏；③ 油底壳变形损坏；④ 机油滤清器漏油；⑤ 放油螺栓漏油；⑥ 气门室盖垫损坏；⑦ 油底壳垫损坏
变速器漏油	① 变速器前油封损坏；② 变速器后油封损坏；③ 油底壳变形损坏；④ 放油螺栓漏油；⑤ 油底壳垫损坏
半轴漏油	① 卡箍损坏脱落；② 球笼防尘罩破损漏油
低速大角度打方向异响	① 液压助力泵故障；② 助力电动机故障；③ 半轴球笼损坏；④ 转向机构变形损坏
空调不制冷	① 制冷剂压力不足；② 空调系统有泄漏；③ 节流膨胀阀损坏；④ 压力传感器损坏；⑤ 空调系统电路故障
挂档不走	① 离合器磨损严重；② 变速器油压严重不足；③ 变速器齿轮磨损严重
变速器抖动	① 离合器磨损严重；② 变速器机脚胶损坏；③ 变速器齿轮磨损严重

发动机抖动	① 缺缸；② 火花塞损坏；③ 点火线圈损坏；④ 喷油器损坏；⑤ 点火电路损坏；⑥ 喷油电路损坏；⑦ 发动机机脚胶损坏；⑧ 进气歧管漏气；⑨ 燃油泵泵油压力不足
怠速高	① 喷油器滴油；② 空气滤清器脏堵；③ 进气管路堵塞

3. 引领入座

从外面接待区域引领客户进入维修接待前台入座，应注意基本礼仪，如应使用正确的手势引领，同时配合语言"× 先生，我带您到前台打印维修工单，您这边请。"

服务顾问要主动询问客户需要喝什么茶水，店内一般至少提供 3 种茶水，上茶水时注意要从客户的右手边上，切忌边上茶边讲话。

项目四

签订合同

项目描述

　　作为服务顾问的你已经对客户的车辆进行了预检，现在需要帮助客户完成签订合同以便车辆顺利进入车间进行维修。本项目主要学习如何描述维修项目、养护项目并进行精品推介、合同制作。本项目包含以下三个工作任务：

任务一	描述维修项目
任务二	推销产品技巧
任务三	制作任务委托书

　　通过完成以上三个工作任务，你能了解签订合同环节的服务流程，顺利完成客户车辆的合同签订工作。

任务一
描述维修项目

一 任务描述

客户委托： 能清楚车辆 30000km 保养的维修项目、价格、更换的原因。

任务描述： 在签订合同之前口头向客户说清楚本次保养需要更换的项目和原因。

二 行动目的

实施步骤	素 质	技 能	知 识
① 了解 30000km 保养需要更换的零部件			各零部件的作用
② 更换的原因	真诚对待客户	能客观地向客户说明更换的原因、价格	各零部件用久后的状态
③ 向客户说明			沟通技巧

三 行动

1. 认识 30000km 需要更换的零部件

名称：_____   名称：_____

作用：_____   作用：_____

名称：_____　　　　　名称：_____

作用：_____　　　　　作用：_____

2. 更换的原因

机油滤清器用久后会怎么样？

更换之后有什么效果？

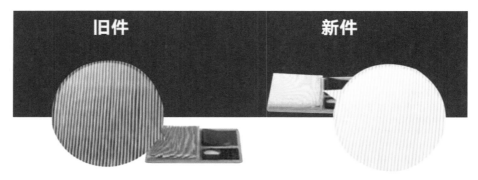

空气滤清器用久后会怎样?

更换之后有什么效果?

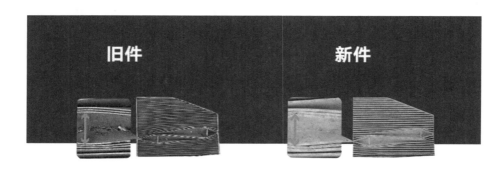

空调滤清器用久后会怎样?

更换之后有什么效果?

3.了解一级维护项目和二级维护项目

口头向客户说明30000km保养需要更换的项目、原因、价格,并把话术写出来。

四 评价及总结

1. 学生自我评价表

评价项目	评价标准	分值	得分
零部件的认识	能说出每一种零部件的名称和作用（每个5分）	20	
零部件用久后的状态	能说出每一种零部件用久后状态是怎样的，更换新的之后有什么效果	15	
30000km 更换的零部件	能说出每一个零部件的作用、原因、价格	15	
仪容仪表	着装得体、头发干净，符合礼仪要求，精神饱满面带笑容	10	
工作态度	态度端正，无无故缺勤、迟到、早退现象	10	
工作质量	能按工作页要求完成工作任务	10	
职业素养	能做到礼貌、真诚待客，话术流畅	10	
协调能力	与小组成员、同学之间能合作交流，协调工作	10	
合计		100	

2. 教师评价表

评价项目		评价标准	分值	得分
考勤		无无故迟到、早退、旷课现象	10	
工作过程（60%）	零部件的认识、用久后的状态	能说出每一种零部件的名称、作用、用久后的状态	15	
	30000km 更换的零部件	能说出每一个零部件的作用、原因、价格	20	
	仪容仪表	着装得体、头发干净，符合礼仪要求，精神饱满面带笑容	5	
	工作态度	态度端正、认真、主动	5	
	工作质量	能按工作页要求完成工作任务	5	
	职业素养	精神饱满、礼貌、真诚待客，动作规范麻利、话术流畅	5	
	协调能力	与小组成员、同学之间能合作交流，协调工作	5	
成果展示	工作完整	能按时完成任务	5	
	工作规范	能按规范要求完成各个动作	5	
	成果展示	能向客户说明30000km需更换的零部件、作用、原因、价格、时长	20	
合计			100	

五 相关知识点

作为一名优秀的服务顾问，除了必备的礼仪、沟通技巧之外，还应当掌握扎实的专业知识，这样能在客户维修保养时向客户解释清楚各个零部件需要更换的原因以及更换后能达到的效果，让客户信服。

常规的基础保养主要包括更换机油、机油滤清器。不同里程保养需要更换的项目不同，以下是哈弗 H6 的保养周期。

< 返回 哈弗H6频道 ｜ 2020款 2.0GDIT 自动GT豪华版

| 车型首页 | 参数配置 | 车型图片 | 车型报价 | 口碑 | 车型详解 | **保养** | 二手车 | 车主价格 | 问大家 | 论坛 |

2020款 2.0GDIT 自动GT豪华款 ∨　　　　　　　　　　　　　　　　　查看 哈弗H6保养 >>

保养项目	5000km 6个月	12500km 12个月	20000km 18个月	27500km 24个月	35000km 30个月	42500km 36个月	50000km 42个月	57500km 48个月	65000km 54个月
发动机机油	● 免费	●	●	●	●	●	●	●	●
机油滤清器	● 免费	●	●	●	●	●	●	●	●
变速器油								●	
火花塞		●				●			●
空调滤清器		●		●				●	
空气滤清器		●						●	
冷却液				●				●	
燃油滤清器		●						●	
制动液				●				●	
工时费（总计）	￥120.00	￥210.00	￥240.00	￥450.00	￥120.00	￥330.00	￥120.00	￥655.00	￥240.00
配件费（总计）	￥466.00	￥599.00	￥862.00	￥758.00	￥466.00	￥995.00	￥466.00	￥946.00	￥862.00
合计	￥586.00	￥809.00	￥1102.00	￥1208.00	￥586.00	￥1325.00	￥586.00	￥1601.00	￥1102.00

注：以上项目及报价信息仅供参考，具体情况以到店实际为准。

1. 机油

机油即发动机润滑油，密度约为 $0.91 \times 10^3 \, kg/m^3$。机油可起到润滑、减摩、辅助冷却降温、密封防漏、清洁、防锈防蚀、减振缓冲等作用，被誉为汽车的"血液"。机油由基础油和添加剂两部分组成。基础油是机油的主要成分，决定着机油的基本性质，添加剂则可弥补和改善基础油性能方面的不足，赋予某些新的性能，是机油的重要组成部分。市场上的机油因其基础油不同可大致分为矿物油及合成油两种。合成油又分为全合成及半合成油。机油基础油主要分为矿物基础油及合成基础油两大类。矿物基础油应用广泛，用量很大（约 95% 以上），但有些应用场合则必须使用合成基础油调配的产品。

机油的级别划分有两种方式：按黏度划分、按质量等级划分。美国汽车工程师学会（SAE）将机油按黏度等级划分为 5W-20、5W-30、5W-40、5W-50、10W-20、

10W-30、10W-40、10W-50、15W-20、15W-30、15W-40、15W-50、20W-20、20W-30、20W-40、20W-50等。符号 W 代表冬季，W 前的数字越小，其低温黏度越小，低温流动性越好，适用的最低气温越低；W 后面的数字代表机油在 100℃时的运动黏度，数值越高说明黏度越高。美国石油学会（API）将机油按质量级别划分为汽油发动机机油和柴油发动机机油两大类。"S"开头系列代表汽油发动机用油，规格有 SC、SD、SE、SF、SG、SH、SJ、SL、SM、SN 等。"C"开头系列代表柴油发动机用油，规格有 CC、CD、CE、CF、CF-2、CF-4、CG-4、CH-4、CI-4 等。如"S"和"C"两个字母同时存在，则表示此机油为汽柴通用型。

目前，市场上既有国外品牌的机油，也有自主品牌的机油。国外品牌机油主要有嘉实多、美孚、壳牌、道达尔、埃索、加德士等，自主品牌机油主要有长城、昆仑、统一等。

2. 机油滤清器

机油滤清器俗称机油格，用于过滤去除机油中的灰尘、金属颗粒、碳沉淀物和炭烟颗粒等杂质，以保护发动机，其需与机油同时更换。

3. 空调滤清器

空调滤清器俗称花粉滤清器。汽车空调滤清器的作用是过滤从外界进入车厢内部的空气，使空气的洁净度提高。过滤的物质包括空气中所包含的杂质、微小颗粒物、花粉、细菌、工业废气和灰尘等，以净化空气并阻挡过敏源。一般建议 1 万 km 换一次。

4. 空气滤清器

发动机在工作过程中需吸进大量的空气，如果空气不经过滤，空气中悬浮的尘埃被吸入气缸中，就会加速活塞组及气缸的磨损。空气滤清器主要是过滤空气中的杂质，当滤芯积累太多杂质时，发动机会出现进气不足、活塞磨损、耗油增加等现象，从而缩短发动机使用寿命。一般建议 2 万 km 换一次。

5. 汽油滤清器

汽油滤清器的主要功能是滤除汽油中的杂质。如果汽油滤清器过脏或堵塞，主要表现为加油时动力不足或汽车起动困难。

6. 火花塞

火花塞俗称火嘴，它的作用是把高压导线送来的脉冲高压电放出，击穿火花塞两电极间的空气，产生电火花以引燃气缸内的混合气体。按照电极材料的不同，可分为普通火花塞、单铂金火花塞、铱金火花塞、双铱金火花塞。不同的火花塞的使用寿命不同。双铱金火花塞是目前性能最好的火花塞。普通火花塞的寿命为 4 万 km，建议不要超过 4 万 km，否则其点火效能下降，导致发动机功率下降；单铂金火花塞的寿命为 5 万 ~8 万 km，需定期更换，其性能下降表现为阳极正常、阴极烧蚀，点火间隙变化等；铱金火花塞的寿命为 5 万 km，性能下降时表现为阴极烧蚀，造成点火间隙变化与稳定性下降；铱铂金火花塞的寿命为 8 万 ~10 万 km，性能下降时通常表现为陶瓷绝缘部分老化，出现漏气现象而导致缸压下降，动力不足，勉强使用油耗加大，性能变差；双铱金火花塞的寿命理论上超过 10 万 km，它有点火迅速、发动机动力强劲、寿命较长的特点。

7. 冷却液

冷却液可以防止寒冷季节停车时水结冰而胀裂散热器和发动机气缸体，应全年使用。冷却液由水、防冻剂、添加剂组成，具有冬季防冻、防腐蚀、防水垢、高沸点的作用。在我国，冷却液按冰点分为 –25 号、–30 号、–35 号、–40 号、–45 号和 –50 号六个牌号。冷却液的更换周期比较长，有 2 年 4 万 km、4 年 8 万 km，甚至达到 16 万 km，车主可根据使用手册按时更换即可。

8. 制动液

制动液用于在汽车液压制动系统中传递压力，使车轮制动器实现制动。由于不能被压缩，所以从主缸输出的压力会通过制动液传递至轮缸中。

制动液极易吸收空气中的水分，在使用一段时间后会出现沸点降低、氧化变质的情况，很容易导致制动系统在紧急制动的情况下失效。汽车生产厂家对它的更换周期一般都规定为 2 年 4 万 km，注意不同类型和不同品牌的制动液不要混合使用。美国运输部（DOT）将制动液分为四类：DOT3、DOT4、DOT5 和 DOT5.1，目前汽车上大部分都使用 DOT4。

9. 变速器油

变速器油可润滑和清洁变速器，能延长传动装置的使用寿命，即使在低温时也能进行有效的润滑。根据变速器结构的不同，变速器油又分为自动变速器油和手动变速器油。

自动变速器油（Automatic Transmission Fluid，AFT）是专门用于自动变速器的油液。早期的自动变速器没有专用油液，而是用发动机机油代替。由于工作状况和技术要求差异很大，所以发动机机油作为自动变速器油液的方法很快被淘汰。如今使用的自动变速器专用油液既是液力变矩器的传动油，又是行星齿轮结构的润滑油和换档装置的液压油。自动变速器油正常行驶情况下每 12 万 km 更换一次，恶劣行驶情况下每 6 万 km 更换一次。

手动变速器油一般称为齿轮油，按其质量水平，美国石油学会将汽车齿轮油分为五档（GL-1 ~ GL-5）。GL-1 ~ GL-3 的性能要求较低，用于一般负荷下的齿轮，以及变速器和转向器等齿轮的润滑。GL-4 用于高速低转矩和低速高转矩条件下，汽车准双曲面齿轮传动轴和手动变速器的润滑。GL-5 的性能水平最高，用于运转条件苛刻的高冲击负荷下准双曲面齿轮传动轴和手动变速器的润滑。变速器齿轮油正常行驶情况下 2 年或者 6 万 km 更换一次。

任务二
推销产品技巧

一 任务描述

客户委托： 能向客户推荐合适的养护项目、精品。

任务描述： 根据客户车辆里程数推荐合适的养护项目；发掘客户的需求，推荐合适的精品。

二 行动目的

实施步骤	素 质	技 能	知 识
① 认识养护项目	一丝不苟的工作态度、诚信对待客户	能专业完成客户接待	常用的养护项目作用
② 认识精品			常见的精品作用
③用 FABE 法则推荐合适的养护项目、精品			FABE 法则

三 行动

1. 认识养护项目

（1）润滑系统清洗。

润滑系统的作用：＿＿＿＿＿＿＿＿＿＿＿＿＿＿＿＿＿＿＿＿＿＿

用久之后会怎样：＿＿＿＿＿＿＿＿＿＿＿＿＿＿＿＿＿＿＿＿＿＿

清洗之后会怎样：＿＿＿＿＿＿＿＿＿＿＿＿＿＿＿＿＿＿＿＿＿＿

建议清洗周期：＿＿＿＿＿＿＿＿＿＿＿＿＿＿＿＿＿＿＿＿＿＿＿

（2）燃油系统养护。

① 喷油器清洗

喷油器用久之后会怎样：＿＿＿＿＿＿＿＿＿＿＿＿＿＿＿＿＿＿

清洗之后会怎样：＿＿＿＿＿＿＿＿＿＿＿＿＿＿＿＿＿＿＿＿＿＿

建议清洗周期：＿＿＿＿＿＿＿＿＿＿＿＿＿＿＿＿＿＿＿＿＿＿＿

② 燃烧室清洗

燃烧室用久之后会怎样：_____

清洗之后会怎样：_____

建议清洗周期：_____

③ 节气门清洗

节气门用久之后会怎样：_____

清洗之后会怎样：_____

建议清洗周期：_____

（3）空调系统养护。

空调系统用久之后会怎样：_____

清洗之后会怎样：_____

建议清洗周期：_____

2. 认识精品

名称：_____

作用：_____

名称：_____

作用：_____

名称：_____

作用：_____

3. 发掘客户需求

（1）显性需求。

    ① 客户车上有儿童安全座椅，可以推荐的养护项目有：_____

    ② 客户车辆外观改装，可以推荐的精品有：_____

    ③ 客户车辆排气管刮伤，可以推荐的精品有：_____

（2）隐性需求。

    ①根据客户驾驶习惯可以推荐的养护项目有：_____

    ②根据客户驾驶环境可以推荐的养护项目有：_____

    ③根据客户性别、年龄可以推荐的养护项目有：_____

    ④根据车辆外观可以推荐的精品有：_____

    ⑤根据车内情况可以推荐的精品有：_____

    ⑥根据底盘情况可以推荐的精品有：_____

    ⑦科技方面可以推荐的精品有：_____

4. FABE 法则

    F 代表：_____

    A 代表：_____

    B 代表：_____

    E 代表：_____

5. 用 FABE 法则推荐节气门清洗、底盘装甲，请把话术写出来

节气门清洗推介话术：

底盘装甲推介话术：

四 评价及总结

1. 学生自我评价表

评价项目	评价标准	分值	得分
养护项目的认识	能说出润滑系统清洗、喷油器清洗、燃烧室清洗、空调系统清洗的作用	20	
精品的认识	能说出行车记录仪、儿童安全座椅、晴雨挡的作用	15	
FABE 法则	能说出 FABE 分别代表的含义	5	
FABE 推介产品	能用 FABE 法则推销一个精品、一个养护项目	20	
工作态度	态度端正，无无故缺勤、迟到、早退现象	10	
工作质量	能按工作页要求完成工作任务	10	
职业素养	能运用 FABE 法则进行合理的产品推介	10	
协调能力	与小组成员、同学之间能合作交流，协调工作	10	
合计		100	

2. 教师评价表

评价项目		评价标准	分值	得分
考勤		无无故迟到、早退、旷课现象	10	
工作过程（60%）	养护项目、精品的认识	说出养护项目、精品的作用	10	
	FABE 法则	能说出 FABE 分别代表的含义	20	
	仪容仪表	着装得体、头发干净，符合礼仪要求，精神饱满面带笑容	5	
	工作态度	态度端正、认真、主动	10	
	工作质量	能按工作页要求完成工作任务	5	
	职业素养	精神饱满、礼貌、真诚向客户推介产品	5	
	协调能力	与小组成员、同学之间能合作交流，协调工作	5	
成果展示	工作完整	能按时完成任务	5	
	工作规范	能按规范要求完成各个动作	5	
	成果展示	能用 FABE 法则推介一个养护项目、一个精品	20	
合计			100	

五 相关知识点

在客户车辆进厂维修保养时，除了完成常规的保养项目之外，服务顾问还应该善于从客户的角度出发，发掘客户车辆对于养护项目、精品的需求，给客户带来利益，同时也能增加自己的产值。

1. 认识养护项目

为了进一步保证顾客车辆的良好性能，汽车服务企业还设计了很多车辆的养护产品，比如发动机部分有润滑系统养护、发动机清洗剂、发动机保护剂、燃油系统养护、燃油添加剂、节气门清洗等；底盘部分有防尘套保护剂、底盘除锈防锈剂、制动系统清洗剂、制动系统保护剂等；车身部分有车身除锈防锈剂、铰链养护剂、车身胶条润滑保护剂等；电器设备部分有线路清洗剂、线路防氧化保护剂、蓄电池头清洗等。一般根据车辆行驶里程来推介。推荐要点如下：

（1）润滑系统养护。一般是进行润滑系统的清洗，将润滑系统清洗剂倒入旧机油中，怠速运转 10~15min，能迅速清除发动机内部及机油油路的胶质、油泥、漆膜等沉淀物，随旧机油一起放出来，然后再加入新机油，从而保证新机油的纯净度。一般是10000km 清洗一次，清洗后能使车辆动力提升、降低油耗、降低使用成本。

（2）燃油系统养护。一般包括喷油器的清洗和燃烧室的清洗，喷油器和燃烧室用久之后会有积炭产生，加上燃油本身有一定的杂质，长期不清洗容易造成喷油器堵塞，影响发动机的排放和动力。清洗喷油器后，能实现精准喷油，提升动力、节省燃油。清洗燃烧室的积炭，能防止活塞环卡死，去除气缸内顽固积炭和胶质，解决因积炭引起的故障，均衡气缸压力，提升动力，节约燃油。一般建议 10000km 清洗一次。

（3）节气门的清洗。主要是清除节气门杂质，润滑节气门轴，提升节气门灵敏度，解决汽车怠速不稳、加速不良的问题，改善油耗，提升动力。一般建议 20000km 清洗一次。

（4）空调系统清洗。清洗附着在空调系统蒸发器上的各种污物，杀菌消毒，去除霉味、腐臭，保持车内空气清新、洁净。一般建议 10000km 清洗一次。

（5）制动系统养护。制动系统养护主要是清洁制动盘、制动片和制动卡钳，然后润滑制动轮缸和轮缸连接轴，可有效保持轮缸衬套柔软，防止腐蚀、延长轮缸寿命。再用耐高温保护剂涂在轮缸片的背后，可长效持久润滑，防止制动片被咬死，容易拆卸。最后将具有良好润滑性能的消声脂涂在轴头的位置，能防止烧结，容易拆卸。制动系统养护能保证良好的制动性能，提高行驶安全性。一般建议 20000km 养护一次。

养护项目是服务顾问产值的重要来源，服务顾问要善于根据客户车辆的里程数进行合适的项目推介，此外，还要善于发掘客户的隐性需求，平时与客户交流时注意多认真倾听，从客户言语中找出客户的需求。如客户反映经常往返工地，服务顾问分析判断这种行车环境相对比较恶劣，在客户车辆进厂保养时，可以推荐客户进行空调杀菌清洗。如环检过程中发现客户车上有小朋友吃东西留下的碎屑，造成车内异味，也可以推荐客户进行空调杀菌清洗。

2. 认识精品

由于车辆厂家生产出来的车辆的基本配置和外观都是相对固定的，但顾客对于车辆的外观需求和使用需求是有差异的，因此汽车售后服务就有了精品改造或者精品加装服务，精品也是服务顾问产值的一个来源。比较常见的有玻璃贴膜、隐形车衣、行李架、行车导航、行车记录仪、发动机下护板、底盘装甲等。

如检查过程中发现客户底盘有轻微磕碰痕迹，可以推荐客户做一个底盘装甲，如发现油底壳部位有磕碰痕迹，可以推荐客户安装发动机下护板。如发现开比较大的SUV 的女车主个子比较矮，可以推荐客户安装电动踏板和电动尾门。总的来说，需要服务顾问有较高的敏感度，善于发掘出客户的需求。

3.FABE 法则

当向客户推销一件商品时，如果单单只是说明这件商品的优点，哪怕说得天花乱坠，客户也不一定会购买，因为客户往往会关注这件商品能给自己带来什么好处，只有说到客户的心坎去，才能打动客户。因此在推销产品的过程中，要注意运用一定的技巧，往往会用到 FABE 法则。FABE 法则是销售理论中一个很重要的话术法则，它提供了一个向客户介绍商品的话术逻辑，通过该法则，可以将产品的属性、作用与客户获得的收益结合起来，并用证据证明，促进客户对产品的购买。

F 代表 Feature，指的是商品的特征、特点。

A 代表 Advantage，指的是商品的优点、作用。

B 代表 Benefit，指的是商品给客户带来的利益。

E 代表 Evidence，指的是证据、场景。

如利用 FABE 法则推销底盘装甲：

结合需求	× 先生，平时是否会偶尔走一些路况不是很好的路啊
配合助销工具	您看，您爱车底盘这里已经出现了明显的凹陷
阐明切身利益	还好伤的位置不是很严重，面积也不是很大，要是伤到发动机和自动变速器等重要部位的话会对您爱车造成极大的伤害，尤其是遇到雨雪天气，会对底盘造成严重的腐蚀，时间长了就会严重影响车辆的使用寿命。因此结合您的用车需求及用车习惯，我们建议您做一个底盘装甲

F（特性）	采用的是德国汉高的专业级底盘装甲涂料
A（优势）	专业做底盘装甲，几十年历史，奔驰、宝马、奥迪都在用，我们店施工的标准也是业内最高的，会把车辆其他的地方都做好防护，避免喷涂到其他的地方，好多外面的施工都是随意喷涂。前段时间就有一辆车，由于排气管被喷上了涂料，导致新车更换了排气管总成
B（利益）	像您经常跑恶劣的路况，有了底盘装甲和护板，就不用再担心酸碱的腐蚀及轻微的刮蹭了，让您在外面开车更安心一些
E（证据）	我现在向您展示一下我们店里喷完的效果，您可以看一下

FABE 法则也可以总结为销售四诀：

复杂的问题简单化	简单地来说……（一两个特征）
简单的问题通俗化	特别适合您……（赞扬、不浮夸）
通俗的问题利益化	您用了它之后……（对应第一句）
利益的问题案例化	举个例子来说……（举人、举事）

如向手动档的客户推介自动离合器：

复杂的问题简单化	简单地来说，这是一款由 ×× 品牌指定合作专业生产的自动离合器
简单的问题通俗化	特别适合您这样在市区上下班走走停停的白领
通俗的问题利益化	您使用了这款自动离合器之后，换档的时候不用踩离合器踏板，直接挂档就行，既放松了左脚，还不用担心熄火
利益的问题案例化	举个例子来说，上周我们有个女车主的 POLO 安装了自动离合器，她跟我说现在开车心情愉悦了很多，不用踩离合器踏板，挂档就走，再也不担心半联动熄火了

任务三
制作任务委托书

一 任务描述

客户委托： 能对本次维修项目签订合同以便保障我的利益。

任务描述： 根据客户车辆的维修保养内容制作任务委托书，以便顺利派工维修。

二 行动目的

实施步骤	素 质	技 能	知 识
① 制作任务委托书	一丝不苟的工作态度、诚信对待客户	能制作任务委托书并打印向客户解释	委托书的内容
② 解释任务委托书			项目、价格
③ 休息引导			休息区功能介绍

三 行动

1.了解任务委托书

任务委托书也叫估价单、派工单、维修工单、施工单等，不同的 4S 店有不同的叫法，它是客户与 4S 店之间确立的书面的具有法律效力的合同文件。任务委托书准确地记录了基本的客户信息和车辆信息及客户的原话和服务顾问的意见，这些都是经过客户同意授权的。任务委托书一式三份，其中一份给客户作为提车凭证。

重庆安福汽车营销有限公司

维修工单

维修站代码 ×××		工单类别　维修		打印日期 2021-05-18 10：35：00	

服务专员　陈文　　　　报价日期 2021-05-16 17：49：25　　　　制单人员　陈文

工单号	RO1005160001	估价单号		预约单号	
车主	王××	送修人	王××	希望联络时段	全天
地址	重庆两江新区			邮编	
车主电话		送修人电话	023-××××××	手机	
E-Mail		进厂时间	2021-05-16 17：49：25	预定交车时间	2021-05-20
维修类别	普通维修	客户在厂	是　质检　否　路试　否　洗车　否		
备注					

车牌号	车型	颜色	发动机号	燃油量	购车日期	车架号（VIN）
渝××××	新嘉年华两厢 1.5L MT		2350320		2019-12-30	LBFHFAAL×××

进厂里程	2500	保修结束里程	2501	保修结束日期	

收费类别	收费区分	项目/故障描述/代码	工时/数量	单位/技师	单价	金额

维修项目

　　1. 检查油门发卡　　　　　　　　　　　　　　　　　　　　　　　　　　　　　0.00

　　　　　　　　　　　　　　　　　　　　　　　　　　　　　　小计　　　　　　0.00

估算费用

工时费：　　　0.00　维修材料费：　　　0.00　销售材料费：　　　0.00　附加费：　　0.00

辅料管理费：　0.00　合计金额：　　　0.00　预估金额：　　　0.00

注：用户在接车时应凭此报价预算单，请妥善保存，在接车时按实际结算付账。旧件处理：□ 带走旧
　　件　□ 不带走旧件

温馨提示：请勿将贵重物品及现金遗忘在车内。

客户签名：	维修经理签名：	技师签名：	终检签名：	洗车工签名：
时间：	时间：	时间：	时间：	时间：

1.

2.

3.

邮编：401147　电话：023-××××××　　传真：023-××××××　　地址：重庆×××××××

开户行：　　　银行账号：　　　　　　税号：

第 1 页，共 1 页

2. 了解费用组成

材料费：_____

_____

工时费：_____

_____

3. 人文关怀

制作任务委托书过程中涉及的人文关怀	话术
旧件处理方式	
是否需要免费洗车	
是否在店等待	

4. 打印并向客户解释任务委托书

服务顾问将客户车辆本次保养维修内容，包含推介的精品和养护项目一起录入计算机，生成任务委托书并打印出来。解释的时候，任务委托书需面向客户，解释的内容包括：_____、_____。

➤ **注意**：还要向客户说明检查车辆故障可能会产生的费用以及检查过程中如果发现新增项目应取得客户授权再进行。

5. 客户核对并签字确认

把客户联交给客户作为提车凭证，请把话术写下来。

6. 休息引导

（1）4S店休息室常见的功能有_____。

（2）如果休息室在二楼，引导客户上楼时_____走前面，_____走后面，下楼时则相反。

（3）提醒客户不要进入车间。

（4）向客户说明在休息过程中会汇报_____。

四 评价及总结

1.学生自我评价表

评价项目	评价标准	分值	得分
人文关怀	询问旧件处理方式、是否需要免费洗车、是否在店等待	15	
解释任务委托书	能解释各零部件的预估价格、工时费、花费时长及可能产生的费用	30	
休息引导	能说出休息室至少三个功能及注意事项	15	
工作态度	态度端正，无无故缺勤、迟到、早退现象	10	
工作质量	能按工作页要求完成工作任务	10	
职业素养	能完成任务委托书的解释，并引导客户休息	10	
协调能力	与小组成员、同学之间能合作交流，协调工作	10	
合计		100	

2.教师评价表

评价项目		评价标准	分值	得分
考勤		无无故迟到、早退、旷课现象	10	
工作过程（60%）	人文关怀	询问旧件处理方式、是否需要免费洗车、是否在店等待	10	
	解释任务委托书	能解释各零部件的预估价格、工时费、花费时长及可能产生的费用	20	
	仪容仪表	着装得体、头发干净，符合礼仪要求，精神饱满面带笑容	5	
	休息引导	能说出休息室至少三个功能及注意事项	10	
	工作质量	能按工作页要求完成工作任务	5	
	职业素养	精神饱满、礼貌、真诚向客户推介产品	5	
	协调能力	与小组成员、同学之间能合作交流，协调工作	5	
成果展示	工作完整	能按时完成任务	5	
	工作规范	能按规范要求完成各个动作	5	
	成果展示	完成任务委托书解释并引导休息	20	
合计			100	

五 相关知识点

1.制作任务委托书

任务委托书是客户与4S店之间确立的书面的具有法律效力的合同文件，是维修技师完成作业的依据，也是到配件部领取配件的重要依据。因此任务委托书上面除了有客户和车辆的基本信息外，还应包含本次维修项目、更换的零配件、费用及预估的维修时间，并且有客户亲笔签名。

2. 解释任务委托书

书写任务委托书的方法一般是：服务顾问口头向客户说明项目、配件价格、维修时长后在客户没有意见的前提下，利用计算机DMS系统把相关信息录入系统，并且注意勾选客户是否需要免费洗车、是否保留旧件、是否在店等待，完成后打印出来——向客户解释清楚，确保透明化，保证让客户明明白白消费，以建立起良好的相互信任关系，提升满意度。此外服务顾问对维修保养所需时间的估计能够直接影响到客户对企业服务的满意度。如果实际作业时间超出预估时间太多，客户往往会失去耐心，感到不满。

话术如下：× 先生，您看一下，这是本次3万km保养的任务委托书，更换机油 × 元、机油滤清器 × 元、空气滤清器 × 元、空调滤清器 × 元，3万km保养工时费 × 元，本次保养预计需要花费1.5h，现在是 × 点 × 分，预计 × 点 × 分可以交车，您看有什么疑问吗？注意，如果涉及检查客户反映的故障，不能预估具体的价格，需要和客户解释清楚，如：× 先生，至于检查制动异响的问题，等维修技师检查结果出来后如果产生费用我再当面跟您说清楚，取得您的授权后才会进行维修，请您放心。

解释完任务委托书的内容后，请客户核对签字，并把客户联交给客户作为提车凭证。

3. 休息引导

如客户在店等待，此时应该引导客户到休息室休息，并主动介绍客休区的功能以便客户自行享用。为了避免客户在休息区等待的时候自行进入车间查看车辆进度，服务顾问应提醒客户尽量避免单独进入车间，并表示会汇报维修进度，让客户在休息室安心等候。话术如下：× 先生，建议您不要单独进入车间，因为车间车来车往有安全隐患，我会及时向您汇报维修进度，您不用担心。

如果客户选择外出办事，服务顾问需再次与客户确认联系方式、维修时间以及客户取车时间，并礼貌送别客户。话术如下：× 先生，本次保养预计需要1.5h，保养完成后我会第一时间通知您取车，您电话还是 ××××× 吧？您放心，维修过程中有任何问题我都会第一时间通知您的。

汽车维修
服务接待

项目五

增项处理

项目描述

　　作为服务顾问的你已经为客户的车辆制作好了任务委托书，现在需要将车辆开进车间派工维修。本项目主要学习增项的流程、售后服务政策，包含以下两个任务：

任务一	增项流程认识
任务二	售后服务政策

　　通过完成以上工作任务，你能顺利利用增项流程完成客户车辆的增项处理，并能解释售后服务政策。

任务一
增项流程认识

一 任务描述

客户期望： 在本次维修过程中能够一次性地解决车辆的全部问题，并且保证时效。

任务描述： 在对客户车辆进行增项处理时，能运用 FABE 销售法则与客户进行有效的沟通，促进客户同意维修增项，保证维修质量。

二 行动目的

实施步骤	素质	技能	知识
① 交接车辆与进度跟进	认真负责的工作态度	产品知识、沟通技巧	交接车辆
② 解释增项原因			零配件知识
③ 处理增项			增项处理流程
④ 增项派工与跟进			增项派工与跟进

三 行动

1. 交接车辆与进度跟进

服务顾问通知车间工作人员到接待区接收车辆，将_____、_____、_____交给车间工作人员，并说明车辆大致的作业内容，强调交车时间和注意事项。跟进进度的方式如下：

名称：_____

作用：_____

名称：_____

作用：_____

2. 增项产生的原因

3. 增项的处理流程

（1）当面与维修技师确认增项_____、_____、_____。

（2）运用 FABE 法则向客户说明。

增项原因	建议处理方式	FABE 法则
方向跑偏	做四轮定位	
制动油管老化	更换制动油管	
空调异味	空调杀菌清洗并更换空调滤清器	
制动异响	更换前制动片	

（3）客户同意处理，更新任务委托书。

服务顾问应向客户复述新增项目的_____、_____和_____，确认无误后，重新打印任务委托书或在原来的任务委托书上补上新增维修项目的内容，请客户签字。

（4）客户不同意处理。

对涉及安全问题的项目不接受维修的，服务顾问务必让客户签署_____。

4. 增项派工的要点

5. 增项过程跟进的必要性

四 评价及总结

1. 学生自我评价表

评价项目	评价标准	分值	得分
交接车辆与进度跟进	能说出交接车辆的材料	10	
了解增项的原因	能说出常见的增项原因	10	
增项处理流程	能说出增项的处理流程	20	
增项派工	能说出增项派工的要点	5	
增项跟进	能说出增项跟进的必要性	5	
仪容仪表	着装得体、头发干净，符合礼仪要求，精神饱满面带笑容	10	
工作态度	态度端正，无无故缺勤、迟到、早退现象	10	
工作质量	能按工作页要求完成工作任务	10	
职业素养	能做到礼貌、真诚待客，动作规范、话术流畅	10	
协调能力	与小组成员、同学之间能合作交流，协调工作	10	
合计		100	

2. 教师评价表

评价项目		评价标准	分值	得分
考勤		无无故迟到、早退、旷课现象	10	
工作过程（60%）	增项流程	说出增项的处理流程	10	
	完成增项	向客户说明增项的原因、价格、时间	20	
	仪容仪表	着装得体、头发干净，符合礼仪要求，精神饱满面带笑容	5	
	工作态度	态度端正、认真、主动	10	
	工作质量	能按工作页要求完成工作任务	5	
	职业素养	精神饱满、礼貌、真诚待客，动作规范麻利、话术流畅	5	
	协调能力	与小组成员、同学之间能合作交流，协调工作	5	
成果展示	工作完整	能按时完成任务	5	
	工作规范	能按规范要求完成各个动作	5	
	成果展示	能规范完成增项处理	20	
合计			100	

五 相关知识点

1. 车辆交接与进度跟进

服务顾问在安排车辆进入车间时，应与车间人员做好交接手续，一般 4S 店是由车间调度或者车间主管负责交接车辆，根据维修保养内容不同分派给不同的维修技师。服务顾问在与车间人员交接车辆时，要把车辆钥匙、任务委托书、接车问诊单交给车间工作人员，并说明大致的作业内容，同时要注意说明交车时间要求和其他注意事项，特别是客户交代要特别处理的地方。

车辆维修过程中，服务顾问要及时跟进维修进度，留意维修过程中可能出现的问题，并保证至少向客户汇报进度一次。服务顾问可以通过车间维修进度看板跟进进度，或者通过便携式通信设备，如对讲机等及时了解维修进度。也可以通过定时巡视，及时与车间工作人员沟通了解进度。如果车辆维修没有异动，汇报话术如下："×××先生/女士，请问您在这边休息得还好吗？还有其他的需要吗？您的爱车维修过程很顺利，很快就要质检了，交车时我会第一时间告诉您，请您放心。"如果维修时间方面有异动，话术如下："×××先生/女士，很抱歉，车间技师说您的车辆维修难度比之前预估的大一些，需要推迟 1h，请您继续耐心等待。修好了我会第一时间通知您的。"

2. 增项产生的原因

顾客到店进行维修保养时，维修增项是非常常见的情况，可能是客户自己追加的，也可能是维修技师在检查车辆的过程中发现的。不管是哪种原因，维修增项都是售后服务流程的重要组成部分，但是维修过程中需要增加的维修项目通常是顾客在来店前不清楚的、没有感受到的车辆问题，顾客就会疑虑为什么我的车辆需要进行这些维修呢？这个时候需要服务顾问积极与客户沟通，解释清楚需要增加的项目、零配件、价格等，必要时向客户展示损坏的零部件，或者带客户到车辆现场查看故障处，彻底打消客户疑虑，取得客户的信任，展示企业的诚信经营。

3. 增项的处理流程

为了确保顾客的车辆经过维修后处于最佳的技术状态而又不出现过度维修的情况，完善的增项处理流程就显得特别重要，具体如下。

（1）维修技师填报增项。首先车间维修技师要按标准的维修流程对车辆进行充分的检查后，准确判断问题点，填写维修报价单，报价单的内容通常要包含车辆信息、服务顾问信息、技师信息、简要清晰的检查过程描述、清楚的故障描述、需更换或者维修的零配件名称、更换等级、作业时间；填写完毕后由技师组长和车间主管确认问题点后签字确认，并由调度员在进度看板中断作业，将报价单传递给服务顾问。

（2）服务顾问确认。服务顾问在系统对车辆维修记录进行再次确认，通过 EPC 系统确认零配件的配件编码、配件费用、工时费用；再与配件部门确认库存情况或者订货周期。

（3）与顾客确认增项。增项属于维修内容变更，服务顾问应主动向顾客逐项说明本次增项维修需要涉及的项目，主动说明维修这些项目的好处，不更换的影响是什么；向顾客逐项说明增项维修工时费用和零部件价格；向顾客介绍维修项目及零部件价格、工时收费价格公示板。

比如说要更换制动片，服务顾问首先要说明该制动片磨损到什么程度、标准值是多少，技师检测到的数据是多少，通过数据说明更有说服力，也能有效地避免顾客误解。维修报料是增加产值的重要途径，服务顾问在向客户解释的时候应注意沟通技巧，从为客户着想的角度出发，话术如下："×××先生/女士，刚才维修人员在给您的爱车做检修时，发现车辆的制动油管老化比较严重，可能需要更换。您看要不要这次一起解决了？是这样的，制动油管老化在一开始可能不会对驾驶产生什么影响，但是老化到一定程度，可能会导致制动失灵，这就比较严重了。所以为了您以后的行车安全，我还是建议您更换。更换的费用需要在原费用上增加××元。因为现在店里制动油管库存不足，需要从库房调货，维修完成时间大概需要延后××小时，交车时间可能要延迟到明天，您看可以吗？感谢您的理解！那请问您离店时需要为您提供接送服务或是代步车辆吗？"

服务顾问还可以使用销售四诀法则向客户解释增项，如客户车辆方向跑偏是因为四轮定位参数不准，向客户解释的话术如下："×先生，维修技师检查出您爱车方向跑偏的原因了，是因为四轮定位参数不准，建议您重新做一个四轮定位。简单地来说，四轮定位是为了保障汽车在行驶、转弯状态下的安全性和稳定性，轮胎安装的时候有一定的倾斜度，车辆经过一段时间的使用，这个倾斜度会有变化，车辆就会出现跑偏的问题。车辆做四轮定位，技师会对这个数值进行重新检测和调整，确保您的爱车处于良好的行驶状态，可以减少轮胎、减振器的摩擦，提高行驶安全性。前两天我们刚有个客户也是方向跑偏，做了四轮定位之后就正常了。"

服务顾问必须主动征求顾客对变更内容的确认和交车时间的确认，并主动询问顾客是否继续在休息区等待；如果顾客表示要离开，则在确认维修项目变更或竣工通知的联系方式后，礼貌、热情地为顾客送行；必须请顾客在施工单上签字确认，对于通过电话确认的需要在施工单上注明电话号码、时间、顾客姓名等必要信息。

（4）重新打印任务委托书。在客户同意进行新增项目维修后，服务顾问应向客户复述新增项目的内容、所需费用和时间，确认无误后，重新打印任务委托书或在原来的任务委托书上补上新增维修项目的内容，请客户签字。若客户不在店内，服务顾问应及时通过电话、短信、网络等方式联系客户，告知客户故障情况，请客户决定。客户决定维修后，服务顾问应做好记录，在客户提车时，请客户在任务委托书上补上签名。与客户沟通时，要告知客户需要在提车时补签名，电话联系时应对通话过程录音。

如果客户不同意增项处理，服务顾问应及时向车间工作人员转达客户的想法和意见，告知维修人员无需添加增项工作。对于不涉及安全问题的维修项目，可约请客户下次维修。对可做可不做的项目列入结算单的"建议项目"，下次定期保养时就能看到这些项目。对涉及安全问题的项目不接受维修的，服务顾问务必让客户签署免责协议，并在工单中进行记录。服务顾问还要礼貌地提醒客户，为了保证车辆的安全性和耐用性应尽快对故障进行维修。

无论是哪类维修保养项目，服务顾问只能向客户建议，最终决定权还在客户的手中，所有新增维修保养项目都只能在客户确认后才可进行。

4. 增项派工

服务顾问与顾客完成增项报价确认后应及时变更信息，在施工单上更新并传递给调度员，由调度员根据技术难度、设备需求安排相应的技师和作业工位；并重新在进度看板上对车辆进行作业上线；由对应的维修技师进行领料，按作业标准对车辆开展增项维修工作。

5. 增项过程跟进

维修增项通常是顾客期望外的维修保养项目，因此作业时间的安排和过程跟进非常重要。维修周期短的，当天可以取车的应至少向顾客告知一次维修进度，如果当天无法取车应当充分利用现代的社交工具，通过视频、照片、电话等进行进度告知工作。这些工作可以有效地提升顾客的体验和对 4S 店及服务顾问的信任程度。

任务二
售后服务政策

一 任务描述

客户期望：当我的车辆出现问题时，服务顾问应能够清楚地告诉我哪些故障属于三包索赔范围内，哪些需要自己花钱。

任务描述：能向进店维修的客户说明三包内容，并能解释召回与三包的区别。

二 行动目的

实施步骤	素质	技能	知识
① 三包索赔管理	认真负责的工作态度	产品知识、沟通技巧	三包概念、索赔规定、索赔流程
② 召回事项处理			召回概念、法律规定
③ 解释三包与召回的区别			三包与召回的区别

三 行动

1. 三包索赔管理

_____年_____月_____日，国家质检总局正式发布了《家用汽车产品修理、更换、退货责任规定》，明确了"汽车三包"的概念是指汽车产品生产者、销售者和修理者在内，因汽车产品质量问题，对汽车产品修理、更换、退货的行为。该政策自 2013 年 10 月 1 日起实施。

（1）三包的概念。

包修：_____

包换：_____

包退：_____

（2）质量保修期。

对于汽车质保期，我国"三包法"规定家用汽车产品保修期不能低于_____年_____km，三包有效期限不能低于_____年_____km。

（3）三包索赔范围。

　　三包索赔包括_____、_____、_____。

（4）索赔流程。

　　4S 店设有索赔员一职，专门负责有关三包索赔事宜。索赔流程主要包括_____、_____、_____、_____。

2. 召回事项处理

（1）召回的概念。

（2）召回的法律规定。

　　_____年_____月_____日，国家质量监督检验检疫总局公布了《缺陷汽车产品召回管理条例实施办法》，并于 2016 年 1 月 1 日起施行，同时废止《缺陷汽车产品召回管理规定》。

3. 三包与召回的区别

四 评价及总结

1. 学生自我评价表

评价项目	评价标准	分值	得分
三包的概念	能分别说出包修、包换、包退的概念	10	
质量保修期	能说出质保期和三包期的期限	10	
索赔的流程	能说出三包的索赔流程	20	
召回事项	能说出召回的概念、处理流程	20	
工作态度	态度端正，无无故缺勤、迟到、早退现象	10	
工作质量	能按工作页要求完成工作任务	10	
职业素养	精神饱满、礼貌、真诚待客，动作规范麻利、话术流畅	10	
协调能力	与小组成员、同学之间能合作交流，协调工作	10	
合计		100	

2. 教师评价表

评价项目		评价标准	分值	得分
考勤		无无故迟到、早退、旷课现象	10	
工作过程（60%）	三包	能说出三包的概念、索赔流程	15	
	召回	能说出召回的概念、召回处理流程	15	
	仪容仪表	着装得体、头发干净，符合礼仪要求，精神饱满面带笑容	5	
	工作态度	态度端正、认真、主动	10	
	工作质量	能按工作页要求完成工作任务	5	
	职业素养	能干脆利落、动作规范、话术流畅地完成环检	5	
	协调能力	与小组成员、同学之间能合作交流，协调工作	5	
成果展示	工作完整	能按时完成任务	5	
	工作规范	能按规范要求完成各个动作	5	
	成果展示	能说明三包与召回的区别	20	
合计			100	

五 相关知识点

国家质检总局于 2013 年 1 月 15 日正式发布了汽车三包新规，即《家用汽车产品修理、更换、退货责任规定》，该《规定》分总则、生产者义务、销售者义务、修理者义务、三包责任、三包责任免除、争议的处理、罚则、附则 9 章 48 条，并于 2013 年 10 月 1 日起施行。

1. 汽车三包的定义

汽车三包政策是零售商业企业对所售商品实行"包修、包换、包退"的简称，是指商品进入消费领域后，卖方对买方所购物品负责而采取的在一定限期内的一种信用保证办法。

（1）包修。自购车之日起（以购车发票时间为准），在一定的质量保修期内，因质量问题引起的故障，采取以换件或修复的方式恢复车辆性能。

（2）包换。自购车之日起（以购车发票时间为准），同一故障修理超过 5 次可换车，在三包有效期内（三包有效期为 2 年或 5 万 km，以先到为准），如果汽车修理时间累计超过 35 日，或者同一个产品质量问题引发的修理累计超过 5 次，消费者可以换车。或者家用汽车产品自销售者开具购车发票之日起 60 日内或者行驶里程 3000km 之内（以先到者为准），家用汽车产品出现转向系统失效、制动系统失效、车身开裂或燃油泄漏，消费者可以选择换车。

（3）包退。自购车之日起（以购车发票时间为准），家用汽车产品自销售者开具购车发票之日起 60 日内或者行驶里程 3000km 之内（以先到者为准），家用汽车产品出现转向系统失效、制动系统失效、车身开裂或燃油泄漏，消费者可以选择退车。

三包责任免除的情况：

① 因不可抗力造成损坏的。

② 不能提供有效发票和三包凭证。

③ 汽车用于出租或者其他营运目的的。

④ 消费者所购汽车已被书面告知存在瑕疵的。

⑤ 发生产品质量问题，消费者自行处置不当而造成损坏的。

⑥ 因消费者未按照使用说明书要求正确使用、维护、修理产品，而造成损坏的。

⑦ 易损耗零部件超出其明示的质量保证期出现质量问题的。

⑧ 企业事业单位、政府机关为生产、公务等购买的汽车是不包括在汽车三包范围内的。

⑨ 使用说明书中明示不得改装、调整、拆卸，但消费者自行改装、调整、拆卸而造成损坏的。

2. 汽车质量保修期

三包法规定，汽车质量保修期不低于 3 年或者行驶里程 60000km，以先到者为准，自开购车发票起算；而三包期不低于 2 年或者行驶里程 50000km，以先到者为准，自开购车发票起算。

汽车由上万个零部件组成，为了让消费者买得放心，厂家应对车辆承诺一个质量保修期。汽车质量保修期是指汽车厂商向消费者卖出商品时承诺的对该商品因质量问题而出现的故障提供免费维修及保养的时间段，现在大多汽车厂家都实行新的车辆保修期限，"3 年或 10 万 km，以先到者为准"。即保修期内的条件有两个：一是时间限制，行驶时间 3 年；第二个是里程限制，行驶里程数 10 万 km。只要这两个条件任意达到一个，就表明车辆的保修期已过，车辆出现的正常维修保养都不在免费之列。而轮胎、轮毂、前照灯、制动片等耗损件，车商一般只提供 3~6 个月或 5000km 保修。

除了明确车内各部件的保修期限外，几乎所有车系的保养手册中都对保修做了条件限制，若发生如下情况，车主就享受不到免费保修服务。

① 未按规定进行保养。用户购买新车后，未按车辆的技术要求对车辆进行定期维护，如果车辆出现问题，即便是在保修期内，也可能不符合保修标准。如果在非厂家授权的特约店或维修站进行车辆维修，在发生品质问题时需提供所在维修店的维修资质证明和相应的票据证明方可进行保修申请。

② 私自对车辆进行改装。"不保改装车"几乎是所有厂家在保修期问题上的共识，

甚至有些品牌的保修条款中还规定，如果用户擅自改变车辆的用途，用于出租、租赁或竞技比赛，也会视为自动放弃保修权利。

③ 使用不当造成损坏。汽车保修期只能在大的方面给客户保障，由于使用不当或交通事故造成的损坏，只能由用户或其保险公司承担责任。

3. 汽车索赔流程

一般的品牌 4S 店都设置有索赔员一职，专门负责有关三包索赔事宜。汽车在保修期中如果有质量问题，厂家都会免费更换新的配件，具体索赔流程如下。

（1）接待客户。服务顾问按照接待流程接待客户，听取客户诉求并进行正常的预检，初步判断是否有索赔的项目，如果有则在任务委托书中注明。

（2）索赔判定。索赔项目的维修过程与普通自费维修过程是一样的，最大的区别在于维修技师和索赔员要根据实际情况进一步判断是否属于索赔项。如果属于，索赔员需要将索赔项目和配件的收费类别定为"索赔"，并向厂家提出申请。结算时，4S 店只收取客户自费项目费用，索赔项目与配件费用应该由厂家来承担。

（3）索赔申请。索赔员进行索赔申请时，应该根据服务记录生成相应的索赔记录，并填写索赔单的相关内容，按照主机厂家的要求通过传真、邮寄或者网上申请索赔。经厂家确认后，该索赔款项计为向厂家的应收款，到一定时间，4S 店可以按照规定与主机厂进行核对收款。

（4）整理档案。完成车辆维修后，服务顾问将客户签字的三包结算单和相关的维修记录整理后存档。

4. 车辆召回事项

（1）召回的概念。所谓汽车产品召回（Automobile Recall），就是按照法定的要求和程序，由缺陷汽车产品制造商进行的消除其产品缺陷的过程。包括制造商以有效方式通知销售商、修理商、车主等有关方关于缺陷的具体情况以及消除缺陷的方法等事项，并由制造商组织销售商、修理商等通过修理、更换、退货等具体措施消除其汽车产品缺陷。

（2）召回的法律规定。汽车产品召回制度确定的召回方式各不相同，根据认证和召回方式可分为自主型、强制型和自主强制结合型。自主型汽车召回是指企业自行按照国家提出的标准进行研发和生产，企业自行承担全部责任。国家在市场进行质量的抽查，如果发现有缺陷汽车产品的存在，就进入汽车召回管理的相关程序，其鼓励主动召回，消除缺陷影响，代表国家为美国。强制型汽车召回是指国家向生产厂商提出产品的各项标准，并到国家相关机构进行认证，合格后保证产品标准和生产一致性后，可以投入大规模生产和使用，国家对社会承担责任，保证汽车安全使用，欧洲大部分国家和日本采用强制型认证方式。而中国在参考美国和日本等国家的模式后，采取企业自行发现缺陷提出召回和根据国家指令进行召回二者结合的自主和强制结合型的召回方式。

2015 年 12 月 22 日，国家质量监督检验检疫总局公布了《缺陷汽车产品召回管理条例实施办法》，并于 2016 年 1 月 1 日起施行，同时废止《缺陷汽车产品召回管理规定》。

5. 三包与召回的区别

从表面上看，汽车召回和三包都是为了解决汽车出现的一些质量问题，维护消费者的合法权益，但就问题的性质、法律依据、对象、范围和解决方式上是有区别的。

（1）性质不同。汽车召回的目的是消除缺陷汽车安全隐患给全社会带来的不安全因素，维护公众安全；汽车三包的目的是保护消费者的合法权益，在产品责任担保期内，当车辆出现质量问题时，由厂家负责为消费者免费解决，减少消费者的损失。

（2）法律依据不同。汽车召回是根据《产品质量法》对可能涉及公众人身、财产安全造成威胁的缺陷汽车产品，国家有关部门制定《缺陷汽车产品召回管理条例》维护公共安全、公众利益和社会经济秩序。汽车三包对经营者来讲在法律关系上属特殊的违约责任，根据《产品质量法》对在三包期内有质量问题的产品，国家制定有关"三包规定"，由销售商负责修理、更换、退货，承担产品担保责任。

（3）对象不同。召回主要针对系统性、同一性与安全有关的缺陷，这个缺陷必须是在一批车辆上都存在，而且是与安全相关的。"三包规定"是解决由于随机因素导致的偶然性产品质量问题的法律责任。对于由生产、销售过程中各种随机因素导致产品出现的偶然性产品质量问题，一般不会造成大面积的人身伤害和财产损失。在三包期内，只要车辆出现质量问题，无论该问题是否与安全有关，只要不是因消费者使用不当造成的，销售商就应当承担修理、更换、退货的产品担保责任。

（4）范围不同。"三包规定"主要针对家用车辆。汽车召回则包括家用和各种运营的道路车辆，只要存在缺陷，都一视同仁。国家根据经济发展需要和汽车产业管理要求，按照汽车产品种类分步骤实施缺陷产品召回制度，首先从 M1 类车辆（包括驾驶人座位在内，座位数不超过 9 座的载客车辆）开始实施。

（5）解决方式不同。汽车召回的主要方式是：汽车制造商发现缺陷后，首先向主管部门报告，并由制造商采取有效措施消除缺陷，实施召回。汽车三包的解决方式是：由汽车经营者按照国家有关规定对有问题的汽车承担修理、更换、退货的产品担保责任。在具体方式上，往往先由行政机关认可的机构进行调解。

汽车维修
服务接待

项目六

交 车

项目描述

　　维修技师已经按任务委托书完成了杨先生车辆的相关维修保养，准备向服务顾问交接车辆。本项目主要学习内部交车、向客户交车。本项目包含以下工作任务：

任务一	内部交车
任务二	向客户交车

　　通过完成以上工作任务，你能清楚交车流程，顺利向客户交车。

任务一
内部交车

一 任务描述

客户委托：相关人员对维修后的车辆进行质量检查。

任务描述：在车辆完成维修保养后，对车辆进行自检、终检、交接，确保维修质量。

二 行动目的

实施步骤	素 质	技 能	知 识
① 车间检验	一丝不苟的工作态度、自律	认真对待客户的车辆，确保维修质量	流程
② 服务顾问检查			具体项目

三 行动

1. 车间检查

车间检查包含三部分：_____、_____、_____。维修技师对车辆状况进行_____并确认签字。班组之间_____并确认签字；最后将车辆交给质检员进行_____并确认签字。然后将车辆移至交车区，并通知服务顾问。

2. 服务顾问检查

车辆检查表		车辆清洁检查表	
项目	结果	清洁内容	结果
维修项目		车身	
精品项目		车轮	
养护项目		仪表台	
座椅复位		烟灰缸	
音响复位		地毯	
旧件存放		发动机舱	
车上没有遗留工具		行李舱	

四 评价及总结

1. 学生自我评价表

评价项目	评价标准	分值	得分
车间自检	能详细说出车间自检的三部分内容	25	
服务顾问检查	能分别说出车辆检查表和车辆清洁检查表的内容	25	
仪容仪表	着装得体、头发干净，符合礼仪要求，精神饱满面带笑容	10	
工作态度	态度端正，无无故缺勤、迟到、早退现象	10	
工作质量	能按工作页要求完成工作任务	10	
职业素养	能做到礼貌、真诚待客，动作规范、话术流畅	10	
协调能力	与小组成员、同学之间能合作交流，协调工作	10	
合计		100	

2. 教师评价表

评价项目		评价标准	分值	得分
考勤		无无故迟到、早退、旷课现象	10	
工作过程（60%）	车间自检	能说出车间自检的三个步骤内容	10	
	服务顾问检查	能说出服务顾问自检的两个表格内容	20	
	仪容仪表	着装得体、头发干净，符合礼仪要求，精神饱满面带笑容	5	
	工作态度	态度端正、认真、主动	10	
	工作质量	能按工作页要求完成工作任务	5	
	职业素养	精神饱满、礼貌、真诚待客，动作规范麻利、话术流畅	5	
	协调能力	与小组成员、同学之间能合作交流，协调工作	5	
成果展示	工作完整	能按时完成任务	5	
	工作规范	能按规范要求完成各个动作	5	
	成果展示	能规范完成服务顾问自检工作	20	
合计			100	

五 相关知识点

维修质量是保证客户满意的前提，只有高效的维修质量才能让维修业务健康、稳定、持续的发展，因此，维修结束后的质量检查不仅可以保障客户满意度，更重要的是可以减少返修率，为企业节省时间和金钱，提升企业形象。

车辆交付给客户之前必须进行内部交车，车辆从维修技师手上传到服务顾问，要经过车间检验和服务顾问检查两个环节。

1. 车间检验

（1）维修技师自检（一级检查）。维修技师对本次维修作业自检主要包括：

① 检查作业项目有无漏项。维修技师应认真检查各项作业项目是否都已经完成，是否存在问题，如有问题需要及时解决。特别是影响到费用和时间的问题，必须及时反馈给服务顾问以便向客户汇报。

② 检查音响、空调、时钟是否复原。

③ 检查车辆有无漏水、漏油、漏电、漏气情况，并按规范进行螺栓紧固，拆卸的附件全部安装到位，使用的工具全部收回。

④ 掌握易损件、橡胶件的磨损情况，并做好记录。

⑤ 将旧件存放在指定位置，以便服务顾问向客户展示处理。如果是索赔件，则交给索赔员以便归还给主机厂。

⑥ 自检合格后维修技师应在工单上记录修理的内容、时间、车辆使用建议和配件更换情况等，并签名。把检查完成事项填入管理进度看板，与下一步质检的班组组长进行车辆交接，将工单、更换的配件、钥匙等交给班组长。

（2）班组长的检验（二级检查）。班组长对车辆进行二次检查，以消除安全隐患，确保车辆完好，主要检查项目包括：

① 复查各个维修项目是否已完成、确认更换的配件，确保无漏项、错项。

② 对接车登记表上客户反馈的问题进行确认，做到检查有结果、调整有记录。

③ 对车辆进行试车，确认维修项目无漏水、漏油、漏电、漏气情况，确保维修项目符合技术规范。

④ 组长发现问题时，必须采取相应措施进行纠正，将检查结果反馈给维修技师，总结维修经验教训，为以后的维修作业提供借鉴，以提高维修技师的技术水平。

⑤ 检验合格后，班组长在维修合同上签名，并与质检人员进行质检工作交接。

（3）质检人员的终查（三级检查）。技术总监或者车间主管对维修作业进行质量验收，主要包括：

① 根据任务委托书的项目进行逐项验收，并核实有无漏项。

② 对轮胎螺钉的紧固进行抽查。

③ 检查维修部位有无"四漏"现象。

④ 对于重大项目或有关安全方面的维修项目，质检员必须进行路试检验，以求万无一失。

⑤ 对照接车登记表的记录，检查车辆有没有维修过程中的人为损坏。

⑥ 检查维修项目是否符合相关的技术规范，如果检测不合格，开具维修作业返修单，要求班组长重新检查和维修，直至符合技术规范为止。

⑦ 检查有无物品遗失，比如工具、资料等，做好最终检验记录，并在维修工单和合同上签字确认。

⑧ 将钥匙交给维修技师，维修技师开车到洗车区洗车。

维修技师将清洗好的车辆开到交车区，通知服务顾问接收车辆，并将完工车辆、车钥匙、维修资料一起移交给服务顾问。

2. 服务顾问检查

服务顾问在接收车辆之前要先对车辆进行检查，主要根据车辆检查表和车辆清洁检查表等进行检查，确保维修任务已完成。

（1）车辆检查表。主要检查维修项目、推介的项目如精品、养护项目是否都已经完成；检查座椅、音响是否已复位；检查旧件是否齐全并存放好；检查车上是否有遗留的工具。

（2）车辆清洁检查表。主要检查车身外观、轮胎、仪表台、烟灰缸、地毯、发动机舱、行李舱等清洗清洁情况，确保客户满意。

任务二
向客户交车

一 任务描述

客户委托：车辆维修保养结束后能顺利向我交付车辆。

任务描述：引领客户对竣工的车辆进行检查，协助客户结账完成交车。

二 行动目的

实施步骤	素 质	技 能	知 识
① 通知客户取车	一丝不苟的工作态度、自律	掌握验车的流程，真诚关怀客户	客户期望、交车前准备
② 客户验车			检查的内容
③ 解释结算单			结算单包含的内容
④ 结账送离			

三 行动

1. 通知客户取车

（1）了解客户对交车环节的期望。

（2）检查。

包含两部分：第一部分是检查_____，确认客户交代的工作已完成；第二部分是检查_____，确认账单项目及状态。

（3）通知客户。

等待地点	通知方式	话术
在店等待客户		
不在店等待客户		

不管是哪种客户，在车辆竣工后都应第一时间通知客户，并强调是在_____的时间范围内完成维修。

2. 根据维修工单引领客户验车

（1）外观检验。包括：

交车前外观及车况检验表				
客户服务代表：赵阳　　　　日期：2021.9.21　　　　东风日产×××专营店				
派工单号：H2901120921112　　车牌号：粤××××××　车型：DFL1234　　行驶里程：19560km				
序号		项目	检查结果	问题点描述
1	外观检验	四门内饰板洁净	√	
2		顶内饰板洁净	√	
3		前后座椅洁净	√	
4		仪表台洁净	√	
5		脚垫洁净		
6		四门外表面洁净		
7		前后盖表面洁净		
8		车顶外表面洁净		
9		前后风窗玻璃洁净		
10		前后轮胎及挡泥板洁净		
11		钣喷车辆的钣喷位置附近缝隙处洁净		
12		音量大小恢复到原有设置		
13		恢复收音机常用频道的设置（若维修中断开蓄电池连接，则需恢复）		

（2）内饰检验。包括：

（3）维修保养项目检验。包括：

还应说明免费做的项目，如免费更换熔丝、轮胎充气、制动系统检查、油液检查、玻璃清洗液添加、机械部分润滑等例行检查。检查机油的时候使用干净的纸巾，目的是：

（4）养护项目检验，重点要突出效果，话术如下：

（5）精品检验。话术如下：

（6）说明免费的项目。

（7）旧件展示。包括：

旧件展示架

（8）人文关怀。

①提醒维修后的注意事项，如制动异响。

②养护建议，以引导下次消费。

③下次保养建议。包括_____和_____，强调以先到为准。

3. 解释结算单

（1）结算单面向客户，需要解释的内容包括_____。

总金额方面要强调与之前预估的没有_____，并请客户签字确认。

（2）说明车辆保养后的保修政策，一般是_____天_____km。

（3）客户未同意处理的项目签免责协议，并提供用车建议，如制动片已经磨损得比较严重，但还未到下限值，请写出话术。

（4）把保养手册交还客户，说明已经填写车辆保养的_____并盖了章。

4.结账送离

（1）陪同客户结账。引导并陪同客户到收银台结账，中途再次确认_____方式。整理好单据装入信封给客户，单据包括_____。

（2）交车。引领客户去取车，询问客户对本次保养的_____，询问三天后的回访_____，应具体到时间段。

打开车门当着客户的面取下_____，并把钥匙交还客户，感谢客户并表示车辆有任何问题都愿意提供帮助，请客户上车并站在车后方直至客户车辆离开公司大门。

四 评价及总结

1.学生自我评价表

评价项目	评价标准	分值	得分
引领客户验车	能带领客户完成验车，并进行人文关怀	15	
解释结算单	能清楚解释结算单内容	15	
结账送离	带客户结账并送离客户	20	
仪容仪表	着装得体、头发干净符合礼仪要求、精神饱满面带笑容	10	
工作态度	态度端正，无无故缺勤、迟到、早退现象	10	
工作质量	能按工作页要求完成工作任务	10	
职业素养	能做到礼貌、真诚待客，动作规范、话术流畅	10	
协调能力	与小组成员、同学之间能合作交流，协调工作	10	
合计		100	

2.教师评价表

评价项目		评价标准	分值	得分
考勤		无无故迟到、早退、旷课现象	10	
工作过程（60%）	引领客户验车	能带领客户完成验车，并进行人文关怀	10	
	解释结算单	能清楚解释结算单内容	10	
	结账送离	带客户结账并送离客户	10	
	仪容仪表	着装得体、头发干净，符合礼仪要求，精神饱满面带笑容	5	
	工作态度	态度端正、认真、主动	10	
	工作质量	能按工作页要求完成工作任务	5	

评价项目		评价标准	分值	得分
工作过程 （60%）	职业素养	精神饱满、礼貌、真诚待客，动作规范麻利、话术流畅	5	
	协调能力	与小组成员、同学之间能合作交流，协调工作	5	
成果展示	工作完整	能按时完成任务	5	
	工作规范	能按规范要求完成各个动作	5	
	成果展示	能规范完成交车流程	20	
合计			100	

五 相关知识点

车辆的交付是维修接待的最后环节，也是服务顾问与客户接触的重要环节，客户取车时车辆的交付状态以及交付过程都会影响到客户对企业的印象。

1. 通知客户取车

了解客户的期望是做好服务的前提。客户在等待了一定的时间后迎来了交车，期望所有既定项目全部按时完成，故障能一次性修复，车辆干净整洁，费用与预估无出入，物有所值，服务顾问依然保持亲切热情，能协助我取车。

交车环节是服务顾问向客户"邀功"的最好环节。试想一下，客户来取车时，看到自己的爱车已经修好，并且车身干净，车内物品齐全且摆放整齐，肯定会很高兴，满意度也会提升。但是如果这个环节没有做好，导致客户不满意，前面所有的工作都会功亏一篑，因此需要服务顾问做好交车的一切准备工作。执行要点如下：

（1）工单检查。主要是确认客户交代的工作已完成，包括维修施工记录是否完整，班组长及质检员是否签字确认，检测报告、出料单等是否齐全，并在客户的保养手册上做好记录。

（2）系统检查。主要是确认账单项目及状态，包括检查系统中信息、配件和工时等录入的是否完整及合理性；核实折扣及优惠，并打印结算预览。交车按时率也是 KPI 考核的一部分，服务顾问应注意每一台车的完成进度，及时打印结算单。

在做好交车前的准备工作后，即可以通知客户取车，不管客户是否在店等待，都要第一时间通知客户可以取车，并且是在约定的维修保养时间内完成的。对于不在店等待的客户，通知话术如下："× 先生您好，我是 ×× 店的服务顾问 ××，您的爱车我们已经在约定的时间内完成了维修保养，您看您是现在过来取车还是原来说的 × 点取车呢？"而对于在店等待的客户，服务顾问可以通过电话或者亲自到休息室通知客户，如亲自到休息室通知客户，话术如下："×先生，久等了，您的爱车我们已经在约定的时间内完成了维修保养，您看您现在方便跟我去验车吗？"

2. 客户验车

验车时要带上任务委托书，对照上面的项目一一检验。执行流程如下：

（1）外观检查。客户验车首先看到的是车辆外观，因此可以先展示车辆外观，话术如下："×先生，您看，我们已经对您的爱车进行了清洗，您还满意吗？车辆外观跟您来的时候是一样的，您检查一下。"

（2）内饰检查。表示已经将座椅、空调、音响恢复到客户进厂时的位置，并处于关闭状态，仪表台、烟灰缸也做好了清洁。

（3）发动机舱的检查。打开发动机舱的时候要先整体展示清洁效果，提升客户满意度，话术如下："×先生，您看，发动机舱我们维修师傅已经帮您做了除尘处理，您还满意吧？"发动机舱检查重点主要是展示新更换的机油，并和车辆进厂时的机油颜色有一个对比的说明，话术如下："×先生，您看一下这是我们新更换的机油，颜色比较明亮金黄，跟您刚来的时候颜色是不一样的，机油的油量也在刻度范围之内。"

（4）养护项目的检查。如果车辆做了发动机润滑系统、燃油系统之类的养护项目，应在检查发动机舱的时候向客户说明，话术如下："×先生，发动机润滑系统已经做了清洗，待会儿您开车的时候可以感受一下加速的效果。"

（5）精品展示。在精品安装位置处指出精品安装的效果，如有必要可以展示，像行车记录仪之类的还应教会客户使用。

（6）维修项目展示。在故障处理的位置展示已经处理好的效果，并说明注意事项。如制动异响，话术如下："×先生，前面跟您说过制动异响是因为制动片磨损到极限引起的，现在新的制动片已经更换上去了，您看一下。×先生，制动片有一个磨合的过程，建议您在接下来的行车过程中，尽量避免急加速紧急制动，这样可以延长制动片的使用寿命。"

（7）旧件展示。利用旧件展示架展示已经更换的旧件，提升信任度。话术如下："×先生，我给您展示一下旧件，您看，这个是机油滤清器，这个是空气滤清器，这个是空调滤清器，这个是制动片，您看都要打包带走吗？"

（8）人文关怀。①提醒客户下次保养时间里程，并精确到天数和个位数，话术如下："×先生，下次的保养提示已经贴在您转向盘左侧的位置了，时间是×年×月×日，里程数是×××××，您放心，到时候我们也会提前一个星期打电话提醒您的。"②在验车的过程中找准机会向客户提出养护建议，让客户心里有个印象，以便下次保养时顺利进行推介。如在展示完机油状态时可以向客户建议下一次保养时做一个节气门清洗，话术如下："× 先生，下次保养的时候可以做一个节气门的清洗，因为节气门用久了之后会粘有很多杂质，影响进气的效果，清洗完之后能提升怠速时的稳定性、提升发动机动力。"

3.解释结算单

验车结束后，服务顾问引领客户回到维修接待前台，将预先打印好的结算单向客户再解释一次，目的就是让客户明明白白消费，而且费用没有和预估的有出入，即便有增项，也是经过客户同意后才产生的。解释的要点如下：

（1）服务顾问将结算单正面面向客户，向客户说明更换的零部件和价格、工时费，并说明总费用，强调与之前预估的没有出入，请客户签字确认。

（2）说明免费检查的内容和结果。维修车间有专用的车辆检查表，包括常规的例行检查，如灯光、油液、制动、转向等。

（3）说明保修政策。常规保养享有的保修政策一般是30天或者2000km，其他更换的零部件与质保期相同，如更换发动机享受3年10万km质保。

（4）免责协议。客户未同意处理的项目应签免责协议，并提供用车建议，如：制动片磨损得比一般的车辆要严重，虽然现在还没到更换的程度，但是建议您之后用车还是尽量减少紧急制动，平稳行驶。

（5）回收提车凭证。

4.结账送离

整个交车过程中要做到全程陪同，亲自陪同客户去交费，中途再次确认付款方式，并主动告知收银员。收银员应站立微笑为客户服务，收款后开具发票和放行条。服务顾问整理好相关单据，包括发票、放行条、结算单、车辆检查报告等装入信封交给客户。

服务顾问引领客户到交车区拿车，途中可以寒暄，如询问客户对本次服务的满意度，对于客户的肯定应予以感谢。如客户提出意见，应虚心接受并感谢客户。服务顾问解锁车门后把钥匙交还客户，并从车上取下三件套，然后请客户上车，注意护顶动作。最后与客户挥手道别，感谢客户并欢迎下次光临，站在车后方目送客户离开直到看不见。

项目七

回　访

项目描述

　　对客户进行定期的跟踪回访，主要是为了查找我们在工作中的失误和问题产生的原因，减少或消除客户的误解、抱怨并使客户感受到关心和尊重，从而与客户建立更牢固的关系，以提高客户的忠诚度。本项目主要学习如何给客户解释回访、执行回访。本项目包含以下两个工作任务：

任务一	解释回访
任务二	执行回访

　　通过完成以上两个工作任务，你能为客户解释为什么要进行回访，并顺利完成客户回访工作。

任务一
解释回访

一 任务描述

客户委托：解释维修服务回访。

任务描述：在没有对客户进行回访前，把握回访作用及分类。

二 行动目的

实施步骤	素 质	技 能	知 识
① 回访的概念			回访的含义
② 回访的目的及作用	以真待客，以德维客	能客观地向客户说明回访目的、作用	回访目的及作用
③ 回访的分类			回访的分类
④ 回访的方式			回访方式

三 行动

1. 回访的概念

2. 简述对客户进行回访的目的及作用

3. 回访的类型

4. 根据回访流程，简述下列回访类型的工作流程

（1）维修保养车辆客户的满意度电话回访。

（2）流失客户电话回访。

（3）定期保养、保险到期等客户电话提醒。

5. 回访的方式

四 评价及总结

1. 学生自我评价表

评价项目	评价标准	分值	得分
回访的概念	能把握回访的概念	10	
进行回访的目的及作用	能说出对客户进行回访的目的及作用	20	
回访的类型	能区分不同类型的回访	15	
回访类型的工作流程	能说出不同类型的回访工作流程	15	
工作态度	态度端正，无无故缺勤、迟到、早退现象	10	
工作质量	能按工作页要求完成工作任务	10	
职业素养	能做到礼貌、真诚待客，话术流畅	10	
协调能力	与小组成员、同学之间能合作交流，协调工作	10	
合计		100	

2. 教师评价表

评价项目		评价标准	分值	得分
考勤		无无故迟到、早退、旷课现象	10	
工作过程（60%）	回访概念	能说出回访的含义	10	
	回访的目的及作用	能说出回访的目的及作用	15	
	回访的工作流程	能区分不同类型回访的工作流程	15	
	工作态度	态度端正、认真、主动	5	
	工作质量	能按工作页要求完成工作任务	5	
	职业素养	精神饱满、礼貌、真诚待客，动作规范麻利、话术流畅	5	
	协调能力	与小组成员、同学之间能合作交流，协调工作	5	
成果展示	工作完整	能按时完成任务	5	
	工作规范	能按规范要求完成各个动作	5	
	成果展示	能区分不同类型的客户回访及流程	20	
合计			100	

五 相关知识点

客户回访是目前汽车维修行业普遍推行的服务流程环节之一，通常来说就是在汽车做完调试、保养、维修、排除技术故障后为顾客提供技术支持、寄发产品改进或升级信息以及获得顾客对汽车产品和服务的反馈信息的过程。

1. 回访的目的及作用

（1）汽车维护服务属于频次消费，一次维修的结束并不代表服务的终止。

（2）企业可以通过回访，及时发现服务过程中存在的不足，及时沟通客户不满意之处，消除分歧。

（3）企业通过回访，解答客户在车辆使用过程中的疑难问题，从而使企业的服务具有主动性，有利于企业培养稳定的忠诚客户群。

（4）企业通过回访，可以发现新的服务机会，进行新的服务预约，完成企业的闭环服务作业。

2. 回访的分类

按销售周期看，回访的类型主要有：

（1）一般回访。

① 预约服务顾问将客户的预约信息进行记录，填写预约单，并通知服务顾问接单。

② 前台工作人员整理并修订客户资料，联系不上或资料发生变更的要及时告知服务顾问。

（2）满意度调查回访。

① 服务顾问请客户对企业的服务进行评价，包括整体服务情况、维修保养情况、服务顾问的服务水平、客休区服务、维修价格等问题，并注意做好记录。

② 了解车辆使用情况，解答客户疑问，并善意引导客户。对不能解答的问题，要做好记录，并与客户约定反馈时间。

（3）投诉处理回访。服务顾问如果遇到客户投诉，首先要真诚地道歉，然后认真地将客户的投诉内容如实记录到投诉处理单上，并表示对客户的同情，告知客户会立即联系相关人员处理。

（4）主动邀约回访。

① 服务顾问根据客户档案对近期内需要保养的车主进行服务提醒，邀约客户来店保养。

② 如果企业近期内有促销活动，服务顾问可以根据客户档案对符合参加促销活动条件的车主进行主动邀约。

（5）关爱问候回访。服务顾问根据客户档案，在节假日或对客户而言很重要的日期进行问候。

服务顾问最常见的回访主要有：

① 维修保养车辆客户的满意度电话回访。客户在 4S 店维修或者保养之后，为了了解客户的车辆使用情况以及客户对服务过程的意见，一般都会要求进行客户维修回访。该回访一般在客户维修之后 3 天内进行。

服务顾问请客户对企业的服务进行评价，包括整体服务情况、维修保养情况、服务顾问的服务水平、客休区服务、维修价格等问题，并注意做好记录。服务顾问应了解车辆使用情况，解答客户疑问，并善意引导客户。对不能解答的问题，要做好记录，并与客户约定反馈时间。

② 流失客户电话回访，回访六个月未进厂的客户。服务顾问每天早上进入售后系统，导出当日对应的六个月未进厂客户清单，按照清单进行回访。当日回访完毕后，登记每日流失客户回访明细统计表。

③ 定期保养、保险到期等客户电话提醒。服务顾问每天早上进入售后系统，导出当日应该定期保养客户清单，按照清单进行电话提醒。当日回访完毕后，登记每日定期保养、保险到期等客户回访明细统计表。

3. 回访的方式

售后客户回访有电话回访、电子邮件回访及上门回访等不同形式。从实际的操作效果看，电话回访结合当面回访是最有效的方式。

（1）电话回访。电话回访是服务的延伸，访问者代表了 4S 店，因此用语及访问内容、程序必须遵循一定的规范，以体现 4S 店的服务标准化。电话回访需遵循以下要求：

① 打电话前，先准备好客户的档案和记录工具。

② 使用标准问话语及标准语言顺序，发音要自然、友善，不能让客户感觉他的车辆有问题。

③ 不要打断客户讲话，记下客户的评价（批评、表扬）。

④ 回访员要懂得基本维修常识、懂得语言沟通技巧。

⑤ 打电话时间要回避客户休息时间、会议高峰、活动高峰（可依据当地情况在适当时间进行回访，建议在 9:30—11:00，14:00—16:30）。

⑥ 如果客户有抱怨，不要找借口搪塞，告诉客户你已记下他的意见，并告诉客户稍后有关人员会与他联系并解决问题。回访人员要立即协调处理，第一时间解决客户的抱怨，以提高客户满意度。

⑦ 对跟踪的情况进行分析并采取改进措施。

⑧ 对客户的不合理要求进行合理解释。

⑨ 电话回访记录各项表格填写完整、清晰。

（2）电子邮件（信函）回访。如果电话回访无法联系到客户，应在第 4 天向客户发出信函进行回访。

（3）上门回访。主要针对客户投诉事件进行上门回访。上门回访前应事先做好预约工作，根据预约时间进行上门回访，并做好详细的回访记录。

任务二
执行回访

一 任务描述

客户委托：对上次 10000km 的常规保养、维修项目进行回访。

任务描述：客户张先生到雪佛兰 4S 店做了 10000km 的常规保养，在保养过程中修理了底盘异响的故障，同时做了四轮定位和动平衡，增添了一个行车记录仪。现在保养已经结束，请你以该 4S 店服务顾问的身份，对张先生进行回访工作。

二 行动目的

实施步骤	素 质	技 能	知 识
① 准备回访资料	一丝不苟的工作态度、以礼待客	能有效进行客户跟踪回访	回访资料准备
② 致电客户			致电回访客户话术
③ 记录客户反馈			客户记录表填写

三 行动

（1）回访资料准备包括哪些？

（2）客户接到电话后说不方便接电话，应该怎样回应？

（3）如果客户留下的电话显示是空号，应该怎样处理？

（4）如果客户反映维护时间长，应该如何应对？

四 评价及总结

1. 学生自我评价表

评价项目	评价标准	分值	得分
准备客户资料	能根据回访要求准备好回访的资料	10	
致电客户	能掌握客户回访的话术及技巧，能够完成客户回访工作	30	
记录客户反馈	能准确记录客户反馈意见	20	
工作态度	态度端正，无无故缺勤、迟到、早退现象	10	
工作质量	能按工作页要求完成工作任务	10	
职业素养	能运用回访技巧进行客户回访	10	
协调能力	与小组成员、同学之间能合作交流，协调工作	10	
合计		100	

2. 教师评价表

评价项目		评价标准	分值	得分
考勤		无无故迟到、早退、旷课现象	10	
工作过程（60%）	准备客户资料	能准备好回访客户资料	10	
	致电客户	能用电话及技巧对客户进行回访	20	
	仪容仪表	着装得体、头发干净，符合礼仪要求，精神饱满面带笑容	5	
	工作态度	态度端正、认真、主动	10	
	工作质量	能按工作页要求完成工作任务	5	
	职业素养	精神饱满、礼貌、真诚对客户进行回访	5	
	协调能力	与小组成员、同学之间能合作交流，协调工作	5	
成果展示	工作完整	能按时完成任务	5	
	工作规范	能按规范要求完成各个动作	5	
	成果展示	顺利对客户进行回访	20	
合计			100	

五 相关知识点

1. 回访资料准备

服务顾问应根据客户回访计划准备客户回访的相关资料，包括客户基本情况（姓名、职务、年龄等）、客户服务的相关记录和客户消费特点等。服务顾问应从每天的任务委托书或通过 DMS 系统挑选出需要回访的客户，利用 DMS 系统查询长时间没有来维修的客户；将这些客户的资料按照客户跟踪记录表的要求填写；确定需要跟踪回访的问题；确定执行维修回访的时间，制定跟踪回访的计划。

（1）统计需回访客户。

① 3 天前出厂客户。

② 了解客户基本信息。

（2）了解客户维修（保养）记录。

① 维修记录。

② 维修建议。

③ 客户反馈。

（3）准备电话回访工具。

① 完成基本信息录入的客户回访表。

② 针对服务活动的相应话术或短信。

需要服务顾问跟踪回访的客户：

（1）对未查出故障的客户进行跟踪回访。某些客户反映的故障不经常出现，有时维修服务企业会更换部分部件进行试验，由客户继续使用车辆进行观察，在此过程中需要服务顾问按与客户约定的观察周期定期和客户联系，确认故障是否重现。

（2）对大修车辆主动跟踪回访。对进行了大事故维修、总成大修的客户定期进行联系问候，询问车辆使用情况，解答客户疑问，提醒客户定期回厂检查或保养。

（3）对经历过服务失误的客户进行跟踪回访。服务顾问要和维修服务过程中经历过服务失误的客户及时进行沟通，努力消除客户的不满情绪，避免客户将不满意传播或不再惠顾。

2. 致电客户

（1）问候及自报家门。

① 使用标准话术。

② 使用尊称。

③ 声音甜美。

④ 保持微笑。

⑤ 态度真诚。

⑥ 语言精练。

⑦ 语气积极。

⑧ 语调平和。

⑨ 不急不躁。

⑩ 体现关怀。

（2）告知致电目的。

① 确认客户身份。

② 告知电话用时。

③ 询问客户是否方便。

④ 语言表述清晰。

⑤ 陈述条理简明扼要。

⑥ 目的传达明确。

（3）了解客户诉求和总结谈话。

① 了解客户需求。

② 介绍解决方案。

③ 总结复述。

（4）完成回访谈话。

① 询问有无其他需求。

② 感谢客户接听。

③ 礼貌挂机。

3. 记录客户反馈

回访后，在客户档案中进行备案。每日的回访任务结束后，应将当日的回访记录交给服务经理，并及时将跟踪结果向维修经理汇报。如若遇到客户抱怨投诉，应执行以下步骤：

（1）将信息传递到相关部门。

① 零件部门。

② 技术部门。

③ 保修部门。

（2）在约定时间内回复客户。

① 三个工作日内回复客户。

② 亲自给客户致电。

③ 致电时间适当提前。

（3）填写客户抱怨（投诉）记录表。

附　录

附录 A

被动预约评定表

评分环节	评分点	评分依据	分值	得分
准备工作（5分）	人员及工具准备（5分）	装容整洁，统一着正装，正装表面无污渍	2	
		面带微笑，准备好预约登记表，三声内接听来电	3	
预约过程（80分）	自我介绍（10分）	自报公司名称、岗位和姓名并询问客户，提供帮助	5	
		取得客户的姓名，在对话过程中称呼客户	5	
	信息登记（20分）	征得客户同意，询问和记录客户及车辆的基本信息，边重复边记录（车牌号、车型、里程、购车日期、联系电话、预约时间）	15	
		询问客户是否还有其他需要重点检查的地方并记录	5	
	预估价格和时间（30分）	告知客户预约项目需更换的材料和价格（一项一项分开说）	20	
		告知客户预计能够交车的时间	5	
		向客户确认预约的关键信息（车牌、时间、总项目、费用）	5	
	信息提醒（20分）	向客户说明预约的有效时间	5	
		询问客户是否有指定的服务顾问和维修技师	5	
		提醒客户到店所需的证件资料（保养手册）	5	
		向客户致谢，结束谈话	5	
基本素养（15分）	基本素养（15分）	音量、语速、语调适中，有活力，表达清晰	5	
		保持客气和礼貌、微笑	5	
		不打断客户谈话	5	
得分				

附录 B

环车检查评定表

评分环节	评分依据	分值	得分
准备工作	装容整洁，着正装，正装熨平	2	
	迅速准备好工作夹板、接车登记表、三件套	2	
迎接客户	第一时间上前热情问候客户，询问来意	2	
	请客户下车并主动帮客户打开车门	2	
	主动自我介绍并递上名片，礼仪正确	2	
	询问客户称呼并记录，并在交谈过程中使用，面带微笑	3	
	询问客户是否预约并介绍预约的好处	2	
	询问客户是否带有保养手册	2	
	询问客户是否还有其他需要重点检查的地方	2	
	5W2H 问诊，至少问 5 个问题并记录客户原话	10	
内饰检查	在上车之前，礼貌提醒客户保管好并取走车内的贵重物品	2	
	向客户说明安装三件套的作用	2	
	当着客户的面安装三件套，动作迅速，顺序正确	2	
	安装三件套的过程中适当寒暄	3	
	征得客户同意后进入驾驶室检查	2	
	检查并说明里程、油量并当面向客户说明并记录（里程数精确到个位）	4	
	检查车内仪表指示灯、音响、空调、门窗升降情况并当面向客户说明	2	
	征得客户同意后打开检查中央扶手箱、杂物箱	2	
	在车辆检查过程中，适当地赞美客户	2	
	下车前征得客户同意后释放行李舱、发动机舱盖按钮	2	

附录

评分环节	评分依据				分值	得分
左前侧	说明环车检查的目的并主动邀请客户一起环车检查				2	
	正面面向客户（服务顾问倒着走）引领客户检查外观				2	
	车顶	左前翼子板	发动机舱盖	前风窗玻璃	10	
	左前门窗	左前轮胎	前保险杠			
	下裙	钢圈	前照灯			
发动机舱	打开发动机舱盖，适当寒暄，检查各种油液、管路				2	
	机油	制动液	蓄电池	传动带	7	
	冷却液	风窗玻璃清洗液	管路			
右侧	右前翼子板	钢圈	下裙	右后翼子板	8	
	右前轮胎	右前门窗	右后门窗	右后车轮		
后方	打开行李舱盖检查备胎、随车工具，并说明检查情况				2	
左后侧	油箱盖	左后翼子板	左后门窗	下裙	4	
	环车检查过程中适时推销一款精品，有根据并能说明产品的优点或作用、给车辆或者客户带来的好处				6	
核对	向客户小结车辆的检查情况并请客户核对、签字、留电话号码				2	
个人表现	动作干脆利落专业、面部表情柔和富有亲和力、目光真诚				3	
得分						

附录 C

制作工单评定表

评分环节	评分依据	分值	得分
形象	装容整洁，着正装，正装熨平	2	
引至前台	引导客户到维修接待前台入座，手势、引导位正确	2	
	询问客户需要什么茶水（罗汉果、菊花茶、柠檬水）	3	
	上茶水礼仪正确	2	
口头说明交流	利用计算机核对信息：车主姓名、电话	4	
	逐项说明本次 3 万 km 保养内容（机油、机油滤清器、空气滤清器、空调滤清器、重点检查制动异响）	10	
	说明更换空气滤清器、空调滤清器的原因（从作用、用久之后、更换之后三方面说明）	6	
	推荐一个养护项目（说明原因、好处）	10	
	逐项解释本次保养的费用（机油、机油滤清器、空气滤清器、空调滤清器、3 万 km 保养的工时费、养护项目、精品）	7	
	说明免费检查的项目（30 项例行检查列举三项以上）	6	
	说明总费用，并表示检查出的故障如产生费用、维修过程中如发现其他需要维修的项目都会及时与客户联系，在客户同意并授权后，才会进行维修	5	
利用计算机制作工单	制作工单，请客户稍等并打印	2	
	询问客户是否需要保留更换下来的旧零件并记录	3	
	询问客户是否需要免费洗车服务，并说明所需时间	3	
	向客户说明预计交车时间（具体到几点几分）	3	
	询问客户付款方式	3	
	礼貌询问客户是否在店等待或先行离店	3	
解释签字确认	把维修工单正面面向客户并快速解释一遍项目和费用，并请客户签字确认（机油、机油滤清器、空气滤清器、空调滤清器、3 万 km 保养的工时费、养护项目、精品、总费用）	8	
	将维修工单一联双手交予客户，并提醒客户以此为提车凭证	2	
引导客户休息	按服务礼仪，用正确的手势引导客户到休息区	2	
	介绍各休息室功能（至少介绍 3 个功能）	3	
	提醒客户不要单独进入车间，并说明原因	3	
	说明会随时报告维修进度	2	
	向客户说明如有任何问题可以随时联系自己并再次告知自己的姓名及联系方式	3	
个人表现	动作干脆利落专业、面部表情柔和富有亲和力、目光真诚	3	
得分			

附录 D

汇报进度及交车评定表

评分环节	评分依据		分值	得分
形象	装容整洁，着正装，正装熨平		2	
汇报进度	到客户休息室向客户汇报制动异响的原因是什么，如何处理，是否产生费用，保养进行到哪一步，能否按时交车		6	
服务顾问自检	保养项目的工单检查	车辆外观清洗情况检查	12	
	对客户车辆内饰进行简单的清洁	确认用户车辆设置在维修过程中是否变动，并复位（座椅、空调、音响）		
	机油检查	旧件检查		
邀请客户验车	到客户休息区通知客户，表明是在规定时间内完成了保养，征得客户同意后验车		2	
	正确手势引领客户到达交车区		2	
成果展示	向客户展示外观清洁效果，询问客户是否满意		2	
	向客户展示内饰清洁情况，座椅、空调、音响恢复情况		2	
	展示精品，展示养护项目，并说明效果		4	
	展示新更换的机油，对颜色进行前后对比，并说明油位		2	
	展示旧件并逐一说明（机油滤清器、空气滤清器、空调滤清器）		2	
人文关怀	适时介绍车辆养护知识（清洗类养护项目的好处）以引导客户下次消费		4	
	向客户说明下次保养时间和里程（具体到年月日、个位数里程）		4	
核单解释	请客户回到维修接待前台，手势动作正确		2	
	询问客户是否还需要饮料		2	
	使用车辆检查报告单告知客户30项例行检查结果（轮胎花纹深度、制动片厚度等）		2	
	礼貌请客户等待并打印结算单		2	
	结算单正面面向客户一一解释维修项目及费用，表明与之前预估的无出入（机油、机油滤清器、空调滤清器、空气滤清器、工时费、养护项目、精品、总费用）		14	
	请客户核对结算单并签字		2	
	向客户说明保养手册的保养记录内容并还给客户（保养时间、里程、盖章）		3	
	回收提车凭证		2	

评分环节	评分依据	分值	得分
结账	陪同客户至收银台处，途中再次确认客户付款方式	2	
	介绍收银员与客户互相认识，礼仪正确，告诉收银员客户付款方式	4	
	为客户装好维修清单票据，交予客户（检查报告单、结算单、发票、放行条）	4	
送客	引领客户到达交车区，礼仪正确	2	
	提醒客户随身物品是否已携带	2	
	了解客户对本次维修保养服务的满意度	2	
	了解客户三日后电话回访时间（具体哪个时间段），感谢客户到店保养	4	
	当着客户的面取下三件套，把钥匙交还客户，与客户道别，目送客户	4	
个人表现	动作干脆利落专业、面部表情柔和富有亲和力、目光真诚	3	
得分			

附录 E

回访评定表

评分环节	评分点	评分依据	分值	得分
准备工作（10分）	人员及工具准备（10分）	装容整洁，统一着正装，正装表面无污渍	5	
		面带微笑，准备好客户信息、回访登记表	5	
回访过程（75分）	自我介绍（18分）	自报公司名称、岗位和姓名	6	
		确认客户信息，拉近距离	6	
		说明电话来意，征求客户交流时间	6	
	回访登记（24分）	询问车辆使用情况，关怀客户的疑虑	6	
		再次提醒避免故障发生注意事项	6	
		询问客户对本次保养服务是否满意	6	
		询问对本店需要改进的意见和建议	6	
	客户关怀（33分）	再次提醒下次车辆保养时间及里程	6	
		鼓励和推荐客户主动来电预约，向客户宣传预约服务电话	6	
		宣传预约的好处	6	
		向客户推荐24小时服务电话	5	
		询问客户是否有其他的疑虑或需求	5	
		向客户致谢，结束谈话	5	
基本素养（15分）	基本素养（15分）	语速、语调和清晰度	5	
		保持客气、礼貌、微笑	5	
		不打断客户谈话	5	
得分				